1

# Gestão de Pessoas

## Rotinas Trabalhistas e Dinâmicas do Departamento de Pessoal

## Seja Nosso Parceiro no Combate à Cópia Ilegal

A cópia ilegal é crime. Ao efetuá-la, o infrator estará cometendo um grave erro, que é inibir a produção de obras literárias, prejudicando profissionais que serão atingidos pelo crime praticado.

Junte-se a nós nesta corrente contra a pirataria. Diga não à cópia ilegal.

## Seu Cadastro É Muito Importante para Nós

Ao preencher e remeter a ficha de cadastro constante em nosso site, você passará a receber informações sobre nossos lançamentos em sua área de preferência.

Conhecendo melhor nossos leitores e suas preferências, vamos produzir títulos que atendam suas necessidades.

Obrigado pela sua escolha.

## Fale Conosco!

Eventuais problemas referentes ao conteúdo deste livro serão encaminhados ao(s) respectivo(s) autor(es) para esclarecimento, excetuando-se as dúvidas que dizem respeito a pacotes de softwares, as quais sugerimos que sejam encaminhadas aos distribuidores e revendedores desses produtos, que estão habilitados a prestar todos os esclarecimentos.

Os problemas só podem ser enviados por:

**1.** E-mail: producao@erica.com.br

**2.** Fax: (11) 2097.4060

**3.** Carta: Rua São Gil, 159 - Tatuapé - CEP 03401-030 - São Paulo - SP

Gilson José Fidelis



# Gestão de Pessoas

## Rotinas Trabalhistas e Dinâmicas do Departamento de Pessoal



2ª Edição

8ª Reimpressão

São Paulo
2012 - Editora Érica Ltda.

Conteúdo adaptado ao Novo Acordo Ortográfico da Língua Portuguesa, em execução desde 1º de janeiro de 2009.



**Dados Internacionais de Catalogação na Publicação (CIP)**
**(Câmara Brasileira do Livro, SP, Brasil)**

Fidelis, Gilson José
Gestão de Pessoas: Rotinas Trabalhistas e Dinâmicas do Departamento de Pessoal / Gilson José Fidelis. -- 2. ed. -- São Paulo: Érica, 2008.

Bibliografia.
ISBN 978-85-365-0107-9

1. Administração de pessoal - Leis e legislação - Brasil 2. Administração de pessoal - Manuais, guias etc. 3. Contratos de trabalho - Brasil 4. Direito do trabalho - Brasil 5. Rescisão (Direito) - Brasil I. Título.

08-04222 CDU-34:331.108 (81)

Índices para catálogo sistemático:

1. Brasil: Administração de pessoal: Departamento pessoal: Direito do trabalho 34:331.108 (81)
2. Brasil: Departamento pessoal: Administração de pessoal: Direito do trabalho 34:331.108 (81)

Coordenação Editorial: Rosana Arruda da Silva
Finalização e Editoração: Érica Regina Pagano, Marlene Teresa S. Alves, Vânia Ap. Calderoni da Silva
Capa: Maurício S. de França
Avaliação Técnica: Antonio Vico Mañas
Revisão Técnica: Fabiana Rodrigues do Prado

**Editora Érica Ltda.**
Rua São Gil, 159 - Tatuapé
CEP: 03401-030 - São Paulo - SP
Fone: (11) 2295-3066 - Fax: (11) 2097-4060
**www.editoraerica.com.br**

# Dedicatória

Numa época em que as pessoas não se lembram de agradecer a dádiva da vida, dedico este livro a Nossa Senhora de Aparecida, figura ímpar de dedicação e eterna paciência;

Aos inúmeros parceiros do dia a dia que me incentivam a continuar no caminho do bem.



*Tuas leis são justiça eterna:*
*dá-me entendimento e viverei.*
*Salmos, Sl 119, 144*

# Agradecimentos

Aos profissionais da área de Recursos Humanos que, com paciência, me ensinaram as práticas da administração;

Às instituições de ensino que me permitem avançar na procura incansável pelo conhecimento, além de poder compartilhar com os meus alunos experiências vivas deste aprendizado.

# Sumário

# Apresentação

As transformações que vêm ocorrendo nas relações trabalhistas acompanham a evolução da sociedade contemporânea a passos largos.

A grata surpresa é que as pessoas estão cada vez mais esclarecidas sobre os seus direitos e deveres no trabalho e, mais do que tudo isso, é a abertura contínua de novos cursos técnicos, tecnológicos, de graduação e de pós-graduação na área de Recursos Humanos.

Este livro é uma das contribuições importantes para a continuidade desta trajetória em que o foco é a valorização do conhecimento e a prática do dia a dia com exercícios que complementam o desenvolvimento do aprendizado.

A preocupação é acompanhar o dinamismo da legislação trabalhista sem perder de vista a didática do livro, indicado tanto ao desenvolvimento do profissional da área de Recursos Humanos, quanto aos alunos em sala de aula e outros interessados no assunto.

Destacam-se as seguintes rotinas do Departamento de Pessoal: relação entre o capital e o trabalho; contratação; documentos e registros da empresa; salário, remuneração e adicionais; duração do trabalho; folha de pagamento e seus reflexos trabalhistas; 13º salário; férias; rescisão do contrato de trabalho; obrigações trabalhistas; calendário de atividades do Departamento de Pessoal; abordagem sobre Acordo ou Convenção Coletiva de Trabalho; a justiça do trabalho; legislação trabalhista, de segurança e medicina do trabalho; conceitos gerais; exemplos práticos e exercícios de fixação.

O livro proporciona facilidade para compreender as rotinas trabalhistas e sua dinâmica, incentivo à pesquisa contínua, condições primordiais para o acompanhamento das relações entre o capital e o trabalho.

*Gilson José Fidelis*

**Nota:** O conteúdo deste livro é um instrumento para capacitar os profissionais da área de Recursos Humanos, interessados no tema, professores e alunos dos cursos afins, e aperfeiçoar seus conhecimentos.

Para facilitar o acompanhamento das mudanças, inclusive dos indicadores econômicos inseridos na Legislação Previdenciária, de Segurança e Medicina do Trabalho, o leitor pode atualizar as fontes de consulta permanentemente nos seguintes sites:

| **Ministério da Previdência e Assistência Social**<br>*www.mpas.gov.br*<br>**1.** Tabela do INSS (salário de contribuição e alíquotas), Trabalho assalariado, autônomos e domésticos.<br>**2.** Tabela do Salário-Família. |
|---|
| **Secretaria da Receita Federal / Ministério da Fazenda**<br>*www.receita.fazenda.gov.br*<br>**3.** Tabela do Imposto de Renda (rendimentos tributáveis) Deduções, Alíquotas e Parcela a Deduzir. |
| **Caixa Econômica Federal**<br>*www.caixa.gov.br*<br>**4.** Informações gerais sobre o Fundo de Garantia por Tempo de Serviço. |
| **Ministério do Trabalho e Emprego**<br>*www.mte.gov.br*<br>**5.** Informações gerais sobre a Legislação Trabalhista, de Segurança e Medicina do Trabalho. |

# Sobre o Autor

Graduado em Relações Públicas pela Universidade Metodista de São Paulo, MBA em Recursos Humanos, MBA em e-Business - Tecnologia e Sistemas de Informação, extensão MBA na Califórnia State University - Hayward, Mestre em Administração com ênfase em Gestão de Pessoas e Organizações, com 25 anos de experiência profissional na área de Recursos Humanos.

Professor universitário de graduação dos cursos de bacharelado e tecnologia, responsável pelas disciplinas Estratégias e Modelos de Gestão em RH, Administração de Recursos Humanos, Rotinas de Pessoal, Gestão de Pessoas, Desenvolvimento de Carreira, Técnicas de Planejamento em Recursos Humanos, Cargos e Salários.

Professor de pós-graduação dos cursos relacionados à Gestão de Recursos Humanos.

Escritor responsável pelo título Gestão de Recursos Humanos - Tradicional e Estratégica.

Sócio-proprietário da INSIGHT Suporte Empresarial Ltda., consultoria focada em assuntos da área de Recursos Humanos e cursos de atualização profissional.

# Sobre o Material Disponível na Internet

O material disponível no site da Editora Érica contém todas as respostas dos exercícios do livro. Para utilizar os arquivos, é necessário que você possua o Adobe Acrobat Reader 8.0 ou superior instalados em sua máquina.

**Respostas.exe - 205 KB**

**Procedimento para Download**

Acesse o site da Editora Érica: www.editoraerica.com.br. A transferência do arquivo disponível pode ser feita de duas formas:

- **Por meio do módulo pesquisa**. Localize o livro desejado, digitando palavras-chave (nome do livro ou do autor). Aparecem os dados do livro e o arquivo para download. Com um clique o arquivo executável é transferido.
- **Por meio do botão "Download"**. Na página principal do site, clique no item "Download". É exibido um campo no qual devem ser digitadas palavras-chave (nome do livro ou do autor). Aparecem o nome do livro e o arquivo para download. Com um clique sobre o arquivo executável é transferido.



**Procedimento para Descompactação**

***Primeiro passo:*** após ter transferido o arquivo para sua máquina, verifique o diretório em que se encontra e dê um duplo clique nele. Aparece uma tela do programa *WinZip Self-Extractor* que conduz ao processo de descompactação. Abaixo da opção *Unzip to Folder* há um campo que indica o destino dos arquivos que serão copiados para o disco rígido do seu computador.

C:\Rotinas Trabalhistas

***Segundo passo:*** prossiga a instalação, clicando no botão *Unzip*, o qual se encarrega de descompactar o arquivo. Logo abaixo dessa tela, aparece a barra de *status* que monitora o processo para que você acompanhe. Após o término da descompressão, outra tela de informação surge, indicando que os arquivos foram descompactados com sucesso e estão no diretório indicado. Para sair dessa tela, clique no botão *OK*, e para finalizar o programa *WinZip Self-Extractor*, clique no botão *Close*.

# 1

# Relação entre o Capital e o Trabalho

• • •

A legislação que regulamenta as relações entre o capital e o trabalho foi criada pelo Decreto-Lei nº 5.452 no dia 1º de maio de 1943, que aprovou a Consolidação das Leis do Trabalho (CLT).

Desde então, por meio da matéria legal, todas as atribuições trabalhistas que administram as relações de trabalho são regidas pelo controle expresso da legislação.

Essa relação envolve as figuras do empregador e do empregado, mediante direitos e obrigações recíprocos.

> Art. 2º da CLT - Considera-se empregador a empresa, individual ou coletiva, que, assumindo os riscos da atividade econômica, admite, assalaria e dirige a prestação pessoal de serviços.

Art. 3º da CLT - Considera-se empregado toda pessoa física que prestar serviços de natureza não eventual a empregador, sob a dependência deste e mediante salário.

No Brasil, além da Consolidação das Leis do Trabalho (CLT), existem outras leis trabalhistas que complementam a matéria e proporcionam melhor compreensão desta relação:

- Constituição Federal de 1988;
- Doutrina, ou seja, conjunto de pareceres de juristas;
- Jurisprudência, ou seja, conjunto de sentenças proferidas por juízes, nos casos em que ocorra controvérsia na relação de emprego;
- Acordo Coletivo de Trabalho, ou seja, negociação entre o sindicato patronal e dos empregados;
- Normas internas dos empregadores;
- Contrato Individual de Trabalho.

Desta forma, nenhuma negociação coletiva ou individual pode prejudicar a relação trabalhista, ou seja, sem contrariar o previsto tanto na Consolidação das Leis de Trabalho quanto na Constituição Federal.

# 2

# CONTRATAÇÃO

• • •

O Departamento de Pessoal representa uma questão estratégica que apoia a gestão da área de Recursos Humanos nas empresas. O relacionamento entre o Departamento de Pessoal e os trabalhadores, até então considerado por muitos conflitante, é o processo que facilita a permanência e retenção da força de trabalho.

A orientação adequada e o acompanhamento contínuo por parte do Departamento de Pessoal aos trabalhadores solucionam, em grande parte, os conflitos existentes e as ansiedades em relação aos controles dentro da empresa.

A contratação é finalizada quando o requisitante da "vaga" de emprego define a melhor opção entre os candidatos selecionados.

# Processo de Admissão

O requisitante, então, encaminha o candidato escolhido para o Departamento de Pessoal, onde receberá a relação dos documentos para a sua futura admissão na empresa.

**Modelo**

## Solicitação de Documentos

Nome: ______________________________

Cargo: ______________________________

______ Documentos de Escolaridade ou Formação Acadêmica
______ Exame Médico Admissional (NR7)
______ Carteira de Identidade (RG)
______ CPF
______ Título de Eleitor
______ Certificado de Alistamento ou Reservista
______ Carteira de Trabalho e Previdência Social - CTPS
______ Cartão do PIS (caso não seja o primeiro emprego)
______ ___ Fotos 3x4
______ Possui conta-corrente? ( ) Sim ( ) Não Banco: ______________
______ Agência: ______________ Conta-corrente: ________________
______ Quando Motorista - Carteira Nacional de Habilitação (CNH)
______ Certidão de Nascimento (quando solteiro)
______ Certidão de Casamento
______ Certidão de Nascimento dos filhos menores de 24 anos
______ Comprovante (Caderneta) de Vacinação dos filhos menores de 14 anos
______ Comprovante de Residência
______ Atestado de Saúde Ocupacional - ASO demissional da empresa anterior (NR7)
______ Atestado de frequência escolar dos filhos entre 7 e 14 anos
______ Atestado de antecedentes

**Não será permitida a admissão do funcionário sem os documentos citados.**

**Departamento de Pessoal**

Cabe ao responsável pelo Departamento de Pessoal orientar o candidato para que ele providencie todos os documentos solicitados pela empresa, sob pena de não dar continuidade ao processo de admissão.

O candidato deve entender que todos os documentos são de extrema importância, para que não restem dúvidas quanto ao preenchimento de todos os registros previstos pela legislação trabalhista.

É importante salientar também que tanto o Departamento de Pessoal quanto o candidato são responsáveis pelas informações, e que o processo completo significa menos incertezas na admissão.

O processo de admissão torna-se legalmente realizado quando o Departamento de Pessoal cumpre com todos os dispositivos, e não permite que nenhuma lacuna venha causar riscos para a relação de emprego.

# Anotações

# 3

# Documentos e Registros

• • •

De acordo com a Consolidação das Leis do Trabalho (CLT), os documentos relacionados em seguida são fundamentais para a contratação do futuro trabalhador.

# Documentos do Trabalhador

- Carteira de Trabalho e Previdência Social (CTPS)
- Cópia dos documentos:
  - Cadastro de Pessoa Física (CPF)
  - Carteira de Identidade (RG)
  - Carteira de Reservista
  - Certidão de Nascimento (quando solteiro)
  - Certidão de Casamento
  - Certidão de Nascimento dos filhos menores de 24 anos (para o Imposto de Renda) e menores de 14 anos (para o salário-família)
  - Comprovante de Vacinação dos filhos até sete anos
  - Atestado de frequência escolar dos filhos entre 7 e 14 anos
  - Atestado de antecedentes
  - Cartão do PIS (caso não seja o primeiro emprego)
  - Comprovante de Residência
  - Documentos de Escolaridade

É imprescindível verificar na CTPS se o trabalhador contratado não está recebendo seguro-desemprego. Em caso afirmativo, reter a via do documento que está em seu poder.

# Atestado de Saúde Ocupacional (ASO) da Empresa Anterior

É importante que o trabalhador contratado apresente o Atestado de Saúde Ocupacional (ASO) da empresa anterior, atestando-o como "apto" para exercer uma nova atividade.

Em alguns casos, o trabalhador pode ter adquirido uma doença profissional, ou seja, perda ou redução permanente ou temporária da capacidade para o trabalho (perda auditiva, redução da acuidade visual etc.), conforme o Art. 166 da CLT.

Nesses casos, a empresa contratante deve se resguardar de qualquer passivo trabalhista futuro.

**Modelo**

**Atestado de Saúde Ocupacional (ASO)**

Atesto para os devidos fins da NR 7, da Portaria nº 3.214/78, com nova redação dada pela Portaria nº 24, de 29/12/94, DOU de 30/12/94, e Portaria nº 8, de 08/05/96, da Secretaria de Segurança e Saúde do Trabalhador, que o Sr. ____________________ ____________________, portador da CTPS nº _____, série ___, RG nº ______________, na função de ______________________________, submeteu-se a exame:

( ) admissional

( ) periódico

( ) retorno ao trabalho

( ) mudança de função

( ) demissional

encontrando-se:

( ) apto ( ) inapto

para atividade de ______________________________, tendo sido submetido em ___/___/___,

____________________ (indicar os procedimentos médicos), bem como foram solicitados os

seguintes exames complementares: ______________________________

______________________________________________________________

(descrever os riscos ocupacionais específicos existentes, ou na ausência deles, na atividade do empregado, conforme instruções técnicas do SSST)

Local e data

______________________________

(carimbo e assinatura do médico encarregado)

______________________________

(nome do médico coordenador e o CRM)

A organização efetiva de todos os documentos do trabalhador vai refletir diretamente na qualidade do trabalho do Departamento de Pessoal.

Ocasionalmente, se permite que o candidato deixe para entregar documentos importantes em dia futuro, muitas vezes pela pressa da admissão, por falta de planejamento ou orientação adequada, acarretando retrabalho e perda de eficiência do próprio departamento.

Cabe uma orientação clara e objetiva aos gestores de que a empresa correrá riscos trabalhistas, caso isso aconteça.

# Registros do Empregador

Quando o trabalhador retorna com os documentos solicitados, o Departamento de Pessoal deve preencher os documentos de responsabilidade do empregador:

a) Em uma via:

- Ficha ou Livro de Registro de Empregado.

b) Em duas vias:

- Contrato individual de trabalho;
- Declaração de encargos de família para fins de Imposto de Renda Retido na Fonte;
- Termo de responsabilidade do salário-família;
- Acordo de compensação de horas de trabalho (quando houver);
- Acordo de prorrogação de horas de trabalho (quando houver);
- Termo de opção de vale-transporte;
- Autorização para desconto em Folha de Pagamento.

Antes do início efetivo do trabalhador em suas atividades, é necessário que seja submetido a exames médicos, por profissional contratado pela empresa que, ao confirmar a sua capacidade laborativa para o cargo determinado, elabora assim o Atestado de Saúde Ocupacional (ASO) admissional (NR7).

É necessário prestar atenção nesta observação, pois se o trabalhador tiver contraído doença profissional (perda auditiva, lesão por esforços repetitivos ou outro comprometimento laboral), ele deve ser encaminhado ao INSS para o devido acompanhamento médico.

O Departamento de Pessoal deve tomar todos os cuidados e se assegurar de que o trabalhador esteja em perfeitas condições para iniciar as suas atividades na empresa.

> Art. 168 da CLT - Será obrigatório exame médico, por conta do empregador, nas condições estabelecidas neste artigo e nas instruções complementares a serem expedidas pelo Ministério do Trabalho:
>
> I - na admissão;
>
> II - na demissão;
>
> III - periodicamente.
>
> § 2º Outros exames complementares poderão ser exigidos, a critério médico, para apuração da capacidade ou aptidão física e mental do empregado para a função que deva exercer.
>
> § 3º O Ministério do Trabalho estabelecerá, de acordo com o risco da atividade e o tempo de exposição, a periodicidade dos exames médicos.
>
> § 5º O resultado dos exames médicos, inclusive o exame complementar, será comunicado ao trabalhador, observados os preceitos da ética médica (red. Lei 7.855/89).

Art. 169. Será obrigatória a notificação das doenças profissionais e das produzidas em virtude de condições especiais de trabalho, comprovadas ou objeto de suspeita, de conformidade com as instruções expedidas pelo Ministério do Trabalho.

## Carteira de Trabalho e Previdência Social (CTPS)

Art. 29 da CLT - A Carteira de Trabalho e Previdência Social será obrigatoriamente apresentada, contra recibo, pelo trabalhador ao empregador que o admitir, o qual terá o prazo de quarenta e oito horas para nela anotar, especificamente, a data de admissão, a remuneração e as condições especiais, se houver, sendo facultada a adoção de sistema manual, mecânico ou eletrônico, conforme instruções a serem expedidas pelo Ministério do Trabalho (red. Lei 7.855/89).

**Anotações previstas**

a) CNPJ do empregador;

b) elementos básicos, ajustados pela parte da contratação: salário e periodicidade, data da admissão, condições especiais se houver (contrato por tempo determinado, experiência, aprendizado);

c) férias (Art. 135 da CLT);

d) acidentes do trabalho (Art. 30 da CLT);

e) banco depositário do FGTS;

f) dados relativos ao Programa de Integração Social (PIS).

**Modelo**

### Registro em Carteira de Trabalho e Previdência Social

15

CONTRATO DE TRABALHO

Empregador ........ Empresa Exemplo DP Ltda. ........

..........................................................

CNPJ/MF ........ 99.999.999/0001-99 ........

Rua ........ dos Livros ........ Nº 1234 ........

Município ........ São Paulo ........ Est. SP ........

Esp. do estabelecimento ........ Industrial ........

Cargo ........ Auxiliar Administrativo ........

........ CBO nº 99.999 ........

Data admissão ..01.. de ....Junho.... de 2009

Registro nº ..135.. Fls./Ficha ..074..

Remuneração especificada ..R$ 880,00 por mês..

..........................................................

..........................................................

..........................................................

Ass. do empregador ou a rogo c/test.

1º .................... 2º ....................

Data saída ........ de .................... de ........

..........................................................

Ass. do empregador ou a rogo c/test.

1º .................... 2º ....................

Com. Dispensa CD Nº ....................

O Departamento de Pessoal deve verificar se o registro da empresa anterior foi devidamente concluído, ou seja, se houve registro da data da saída do trabalhador. Com isso o processo de admissão pode ter continuidade; caso contrário, o trabalhador deve justificar a falta do registro.

Conforme o Art. 29 e parágrafos 1º, 2º e 3º da CLT, o empregador tem o prazo máximo de 48 horas para nela efetuar as anotações previstas, sujeito às penalidades.

**Modelo**

## Recibo de Entrega da Carteira de Trabalho e Previdência Social para Anotações

Empregado: ____________________________________________

CTPS: ______________________

Função: _____________________

Admissão: ___________________

Recebemos a Carteira de Trabalho e Previdência Social acima, para as anotações necessárias e que será devolvida dentro de 48 (quarenta e oito) horas, de acordo com as disposições legais vigentes.

Local e data

____________________________

(Carimbo e assinatura da empresa)

**Modelo**

## Comprovante de Devolução da Carteira de Trabalho e Previdência Social

Empregado: ____________________________________________

CTPS: ______________________

Função: _____________________

Admissão: ___________________

Recebi em devolução a Carteira Profissional e Previdência Social acima, com as respectivas anotações.

Local e data

____________________________

(Assinatura do empregado)

Art. 41 da CLT - Em todas as atividades será obrigatório para o empregador o registro dos respectivos, podendo ser adotados livros, fichas ou sistema eletrônico, conforme instruções a serem expedidas pelo Ministério do Trabalho.

Parágrafo único. Além da qualificação civil ou profissional de cada trabalhador, deverão ser anotados todos os dados relativos à sua admissão no emprego, duração e efetividade do trabalho, a férias, acidentes e demais circunstâncias que interessem à proteção do trabalhador (red. Lei 7.855/89).

O registro deve conter:

- qualificação do trabalhador (dados pessoais e documentos);
- data da admissão;
- salário (hora ou mensal);
- beneficiários;
- opção pelo Fundo de Garantia do Tempo de Serviço;
- número do PIS e respectiva data de cadastramento;
- assinatura do funcionário.

Além das informações de registro, a ficha ou livro de registro de empregados contém campos para as seguintes informações:

- alterações de salário;
- alterações de cargo;
- registro das férias e respectivos dias de gozo (descanso);
- afastamentos (doença, acidentes, paternidade, maternidade etc.);
- contribuição sindical.

**Modelo**

## Registro em Ficha/Livro

(NOME DA FIRMA)

Empresa Exemplo DP Ltda

NÚMERO DE ORDEM **074**

Autenticação

### REGISTRO DE EMPREGADO

*Nome do Empregado* Antonio José Jr.

*Endereço* Rua das Verbas, nº 9999 *Fone* 9999-9999

*CIC* 999.999.999-99 *Idade* XX *anos - Nascimento* 01 / 01 / XXXX

*Local* São Paulo *Estado Civil* Solteiro *Nacionalidade* Brasileiro

*Grau de Instrução* 2º Grau Completo

Foto 3x4

*Cor* *Cabelo*

*Barba* *Bigode*

*Olhos*

*Altura*

*Peso*

*Data da Admissão* 01 / 06 / 2009 - *Função de* Aux. Administrativo

*Filiado ao Sindicato*

*Admitido na Função de* Aux. Administrativo *Código CBO* XX.XXX

*Salário* R$ 880,00 *Forma de Pagamento* Mensal *Horário de Trabalho*

*Das* 08 *às* 17 *horas – com intervalo de* 1 *horas para refeição - descanso.*

**FILIAÇÃO** *Nome do Pai* Antonio José

*Nacionalidade* Brasileiro *Nome da Mãe* Maria José

*Nacionalidade* Brasileira *Beneficiários* Os pais

**DOCUMENTOS** *Carteira Profissional N.* 9999 *Série* 999 *Carteira de Menor N.* *Série* *Carteira Trabalhador Rural N.*

*Série* *Órgão Emissor* SSP/SP *Previdência Social* *Certificado Reservista N.* XXXXXXXXXX *Categoria* XX

*Espécie* *Título de Eleitor N.* 9999999999 *Zona* XX *Carteira Habilitação N.* XXXXXXX *Profissional* [X] *Amador* [ ]

**QUANDO ESTRANGEIRO** *Cart. Modelo 19 N.* *Registro Geral N.* *Casado com brasileira?* *Nome do cônjuge*

*Tem filhos brasileiros?* *Quantos?* *Data da chegada ao Brasil* *Naturalizado?* *Decreto N.*

**FGTS** *Opção em* 01 / 06 / 2009

*Data da Retratação* ___ / ___ /

*Conta vinculada no Banco* Caixa econômica federal

**PIS-PASEP** *Cadastrado em* 01 / 07 / XXXX

*Sob N.* 9999999 *- Banco* do mundo

*- Código Agência* XXX

*Endereço Banco* Rua ...

**RESCISÃO** *Data da Saída* / /

*N. da Homologação* *Órgão onde foi feita a Homologação*

*OBSERVAÇÕES*

*ASSINATURA NA OCASIÃO DA ADMISSÃO* ASSINATURA EMPREGADO

*Recebi os seguintes documentos que me pertencem*

*Data* / /

ASSINATURA EMPREGADO

Polegar Direito

1.180

**Modelo**

ACIDENTES DO TRABALHO OU DOENÇAS PROFISSIONAIS

| ACIDENTE/DOENÇA EM: | | | RECEBEU ALTA EM: | | | ACIDENTE/DOENÇA EM: | | | RECEBEU ALTA EM: | | | ACIDENTE/DOENÇA EM: | | | RECEBEU ALTA EM: | | |
|---|---|---|---|---|---|---|---|---|---|---|---|---|---|---|---|---|---|
| *Dia* | *Mês* | *Ano* | *Dia* | *Mês* | *Ano* | *Dia* | *Mês* | *Ano* | *Dia* | *Mês* | *Ano* | *Dia* | *Mês* | *Ano* | *Dia* | *Mês* | *Ano* |
| | | | | | | | | | | | | | | | | | |

ALTERAÇÕES DE CARGOS E SALÁRIOS

| DATA | CARGO OU FUNÇÃO | SALÁRIO | ASSINATURA DO EMPREGADO |
|---|---|---|---|
| | | | |

CONTRIBUIÇÃO SINDICAL

| GUIA N. | DATA DA GUIA | VALOR | NOME DO SINDICATO |
|---|---|---|---|
| | | | |

FÉRIAS CONCEDIDAS

| REFERENTE AO PERÍODO DE: | | | A | | |
|---|---|---|---|---|---|
| *Dia* | *Mês* | *Ano* | *Dia* | *Mês* | *Ano* |
| | | | | | |

FÉRIAS DESCANSO

| INÍCIO DAS FÉRIAS | | | TÉRMINO DAS FÉRIAS | | |
|---|---|---|---|---|---|
| *Dia* | *Mês* | *Ano* | *Dia* | *Mês* | *Ano* |
| | | | | | |

ABONO PECUNIÁRIO

| REQUERIDO EM | | | VALOR |
|---|---|---|---|
| *Dia* | *Mês* | *Ano* | |
| | | | |

## Cadastramento no Programa de Integração Social (PIS)



Quando o trabalhador inicia as suas atividades no mercado de trabalho (primeiro emprego), deve cadastrá-lo em impresso padronizado (DCT) na Caixa Econômica Federal no Programa de Integração Social.

Após o cadastramento, a Caixa Econômica Federal devolve duas vias, uma para o empregador e outra para o trabalhador.

Segundo Carrion (2000), o Programa de Integração Social (PIS) consiste em um fundo formado por depósitos mensais efetuados pelas empresas, calculado sobre o faturamento (receita bruta, como definido pela legislação do Imposto de Renda), a folha de salários (entidades de fins lucrativos) ou sobre as receitas arrecadadas e transferências correntes de capital recebidas.

Após cinco anos do cadastramento, o trabalhador tem direito a receber um valor correspondente às contribuições das empresas em que esteve registrado. Nos casos em que o trabalhador receba até dois salários mínimos de remuneração mensal, lhe é assegurado o pagamento de um salário mínimo anual, computado neste valor o rendimento das contas individuais, no caso daqueles que já participavam dos referidos programas (red. Art. 239 da CF, § 3º).

O número do PIS é utilizado também para os depósitos mensais na conta vinculada do FGTS do trabalhador, e somente com o cartão do PIS é que se pode sacar o FGTS, nos casos de rescisão do contrato de trabalho, quando por iniciativa do empregador.

O trabalhador iniciante no mercado de trabalho deve ser orientado pelo Departamento de Pessoal sobre a importância de guardar o cartão do PIS. Caso extraviar, ele não deve perder tempo em solicitar uma 2ª via, seja através do Departamento de Pessoal ou diretamente na Caixa Econômica Federal.

**Modelo**

## Registro em DCT-PIS

**Caixa Econômica Federal**

**Documento de Cadastramento do Trabalhador - DCT**

| 01 Carimbo padronizado do CNPJ ou matrícula no Cadastro Específico do INSS - CEI | Para uso exclusivo do CEF Carimbo da Agência receptora Norma CXA/CIEF nº 047 |
|---|---|

02 Identificação do Empregador/ Sindicato

| CNPJ/CEI | Nome | Endereço |
|---|---|---|

| Telefone | Fax |
|---|---|

| 03 Nome do Trabalhador |
|---|

| 04 Data de Nascimento | 05 Sexo | 06 Nome da Mãe |
|---|---|---|

| 07 Município de Nascimento | UF | 08 Cod. Nac. |
|---|---|---|

| 09 Cart. Trabalho - Nº | Série | UF | 10 CPF - Nº | Contr. |
|---|---|---|---|---|

| 11 Cart. Identidade - Nº | Emissor | 12 Título de Eleitor - Nº | DV |
|---|---|---|---|

Para uso exclusivo do CEF

( ) Solicitação atendida

( ) Preenchimento incorreto

Inscrição

| 13 Endereço do Trabalhador |
|---|

| Bairro | Município | UF | CEP |
|---|---|---|---|

Para que se caracterize o processo de admissão, as partes elaboram um contrato para garantir a relação trabalhista entre o empregador e o trabalhador, determinado pela CLT (artigos 442 a 454).

O Contrato Individual de Trabalho é um acordo que expressa o compromisso entre as partes, no qual o trabalhador presta os serviços com responsabilidade e o empregador provê recursos e alternativas para o desenvolvimento profissional, além de ambos respeitarem a legislação trabalhista, conforme o que determina os artigos 2º e 3º da CLT.

Os contratos podem ser:

**Por Prazo Determinado**

> Art. 443 da CLT
>
> § 1º Considera-se como de prazo determinado o contrato de trabalho cuja vigência dependa de termo prefixado ou da execução de serviços especificados ou ainda da realização de certo acontecimento suscetível de previsão aproximada.
>
> Art. 445 da CLT - O contrato de trabalho por prazo determinado não poderá ser estipulado por mais de 2 (dois) anos.
>
> Art. 451 da CLT - O contrato de trabalho por prazo determinado que, tácita ou expressamente, for prorrogado mais de uma vez, passará a vigorar sem determinação de prazo.

O contrato por prazo determinado é utilizado em casos como: substituição de trabalhador afastado por férias, doença etc.

### De Experiência

A experiência proporciona uma análise e avaliação das expectativas que um deposita no outro. Tanto a empresa quanto o trabalhador investem tempo e conhecimentos, objetivando ao término do período experimental chegar à conclusão de que um está adequado ao outro.

No final desse período a empresa precisa tomar a decisão se o trabalhador está apto a continuar ou não. O trabalhador, durante o período ou no seu término, pode decidir se continua ou não na empresa.

> Art. 443 da CLT, alínea "c"
>
> Art. 445 da CLT
>
> Parágrafo único. O contrato de experiência não poderá exceder 90 (noventa) dias.

O contrato de experiência pode ser estipulado por dois períodos iguais, desde que não seja superior aos 90 (noventa) dias previstos (por exemplo, 45 dias + 45 dias ou outros períodos previstos em acordo coletivo). O contrato de trabalho deve conter:

- qualificação da empresa (dados jurídicos);
- qualificação do trabalhador (dados pessoais e documentos);
- condições do trabalho (função, local, horário);
- condições (remuneração, prazos e descontos);
- data da admissão;
- local e data;
- assinatura da empresa e do funcionário;
- testemunhas.

### Por Prazo Indeterminado

Quando a empresa e o trabalhador chegam à conclusão de que podem confiar na relação de trabalho de ambos, o contrato continua vigorando. A continuidade representa um investimento na qualificação do trabalhador e na produtividade da empresa.

Caso o contrato de trabalho celebrado exceder os 90 (noventa) dias, passa a ser considerado por prazo indeterminado, ou seja, não será fixado prazo para seu término.

Existem também outras formas de contrato:

- Terceirização;
- Cooperativas;
- Temporários;
- Estagiários;
- Domésticos;
- Autônomos.

### Terceirização

Processo que consiste em repassar as tarefas secundárias para empresas especializadas no intuito de realizarem suas atividades principais.

O Tribunal Superior do Trabalho (TST) estipulou alguns requisitos básicos em uma terceirização:

- Não atingir a atividade-fim da empresa, ou seja, atividades não ligadas diretamente ao produto da empresa.
- Ter característica de impessoalidade, ou seja, evitar que a empresa terceirizada empregue ex-funcionários da empresa contratante, com remuneração menor pelo mesmo trabalho realizado.
- Não ter subordinação direta do contratante, isto é, manter no local de trabalho um supervisor que seja da empresa terceirizada para conduzir as atividades.

Conforme Instrução Normativa nº 7 do Ministério do Trabalho, indicam-se para fiscalização:

- que não se realize entre empresas do mesmo grupo econômico;
- que não ocorra entre empresas de prestação de serviços;
- que não haja aproveitamento de mão de obra para trabalho não estipulado no contrato de prestação de serviços.

### Cooperativa

A cooperativa de trabalho ou de serviços é formada por indivíduos autônomos e permanecem assim até o final. As atividades são divididas com igualdade de oportunidades e os ganhos são repartidos proporcionalmente.

Normalmente existe uma direção, mas sem a característica de "patrão" que administra a operação da cooperativa. Não existe vínculo empregatício e acompanha os preceitos do trabalho temporário quanto à continuidade e à subordinação do trabalho; caso contrário, descaracteriza-se o trabalho cooperado.

> Art. 442 da CLT - Contrato Individual de Trabalho é o acordo tácito ou expresso, correspondente à relação de emprego.
>
> Parágrafo único. Qualquer que seja o ramo de atividade da sociedade cooperativa, não existe vínculo empregatício entre ela e seus associados, nem entre estes e os tomadores de serviços daquela (red. Lei 8.949/94, D.O.U., 9.12.94).

### Temporário

O trabalho temporário está relacionado com a necessidade transitória de mão de obra por parte das empresas, principalmente quando existe sazonalidade, ou seja, picos de produção para atender às necessidades dos clientes.

Exemplo: empresas de chocolate quando precisam atender à demanda na Páscoa; de sorvete, bebidas, refrigerantes para atender os clientes no verão etc.

Também nos casos de substituição temporária de trabalhador (férias, afastamentos diversos), a empresa pode utilizar esta modalidade de contrato.

Este tipo de contrato é regido pela Lei nº 6.019/74 e regulamentado pelo Decreto nº 73.841/74.

Firmado entre a empresa contratante de serviço e a empresa fornecedora de mão de obra temporária, devidamente autorizada pela Delegacia Regional do Trabalho (DRT), que coloca à disposição trabalhadores selecionados para suprir uma situação transitória. O prazo do contrato não pode exceder 90 (noventa dias) para cada trabalhador temporário, salvo, autorização de prorrogação de mais um período igual ao anterior por parte do Ministério do Trabalho.

O contrato deve conter a finalidade da prestação de serviço.

Direitos do trabalhador temporário:

- contrato escrito com a prestadora de serviço;
- anotação na Carteira de Trabalho e Previdência Social;
- salário compatível com os trabalhadores da contratante;
- jornada de trabalho condizente com o previsto na legislação;
- repouso semanal remunerado;
- seguro acidente de trabalho;
- vale-transporte;
- saque do FGTS quando encerrar o contrato temporário;

- férias proporcionais;
- 13º salário proporcional.

**Observação** | O trabalhador temporário **não** tem direito a seguro-desemprego.

**Estagiário**

"De acordo com a Lei nº 11.788 de 25 de setembro de 2008, as empresas privadas, órgãos da administração pública direta, autarquias, bem como profissionais liberais de nível superior devidamente registrados em seus respectivos conselhos de fiscalização profissional, poderão contratar na modalidade de estagiário, aluno regularmente matriculado em curso vinculado ao ensino público e particular, desde que obedecendo aos seguintes critérios:

- Apenas estudantes que estejam frequentando o ensino regular, superior, educação profissional, de ensino médio, educação especial e dos anos finais do ensino fundamental na educação de jovens e adultos.
- Deve ser elaborado um termo de compromisso entre as partes (empresa, estagiário e instituição de ensino). A instituição de ensino intervém para que sejam cumpridas as exigências legais.
- Não há vínculo empregatício entre estagiário e empresa comtratante. Da mesma forma, a empresa não é obrigada a pagar nenhum valor pelo desenvolvimento das atividades, e sua única exigência legal é a contratação de seguro de vida e acidentes pessoais compatível com o mercado e respectivo registro da apólice no termo de compromisso.
- Na existência de pagamento, é considerado "bolsa" ou outra forma de contraprestação expressa para o estudante.
- A concessão de possíveis benefícios (transporte, alimentação, saúde, entre outros), não será caracterizado como vínculo empregatício.

- A duração do estágio na mesma concedente não poderá ser superior a 2 (dois) anos, exceto para estudantes portadores de deficiência.
- O estágio deve ser realizado em horário que não coincida com o horário de aula e provas.
- O estágio deve ser acompanhado efetivamente pelo professor orientador da instituição de ensino e também pelo supervisor da parte concedente, sempre comprovado por vistos em relatório específico.
- Recesso remunerado a partir de 1 (um) ano de estágio (caso o estagiário receba bolsa ou outra forma de contraprestação) de 30 (trinta) dias, a ser gozado preferencialmente durante as suas férias escolares."
- O recesso remunerado será proporcional se o contrato tiver duração inferior a 1 (um) ano.
- Quanto ao número de estagiários em relação ao quadro de pessoal das entidades concedentes de estágio, deve atender às seguintes proporções:

| De 1 a 5 empregados | 1 estagiário |
|---|---|
| De 6 a 10 empregados | Até 2 estagiários |
| De 11 a 25 empregados | Até 5 estagiários |
| Acima de 25 empregados | Até 20% de estagiários |

- Considera-se quadro de pessoal o conjunto de trabalhadores empregados existentes no estabelecimento do estágio."

**Doméstico**

É aquele que presta serviço doméstico de natureza contínua e de finalidade não lucrativa à pessoa ou à família em sua residência.

É necessário possuir Carteira de Trabalho e Previdência Social (CTPS) para os devidos registros. Para esse tipo de serviço não é permitido contrato por prazo determinado, apenas por prazo indeterminado.

Conforme a Constituição Federal de 1988 e leis complementares, são direitos do trabalho doméstico:

- salário mínimo;
- descanso semanal remunerado;
- férias de 20 dias úteis com o adicional constitucional de 1/3;
- salário mínimo;
- descanso semanal remunerado;
- férias de 20 dias úteis com o adicional constitucional de 1/3;
- aviso prévio de 30 dias;
- FGTS (opcional);
- vale-transporte com desconto de 6%;
- licença maternidade de 120 dias paga pela Previdência Social.

**Autônomo**

A prestação de serviços do profissional autônomo é regida pelo Código Civil.

É o trabalhador que presta serviços profissionais, sem vínculo empregatício, como profissional liberal, ou não, e que recebe honorários.

O trabalho autônomo precede um registro na prefeitura da região da moradia do indivíduo que, conforme as características profissionais, emite documento que o autoriza a executar determinada atividade.

Os pagamentos ao autônomo são feitos mediante impresso padronizado, Recibo de Pagamento a Autônomo (RPA), que, emitido pelo prestador de serviço, sofre as tributações do Imposto de Renda e da Previdência Social de acordo com a legislação vigente.

## Declaração de Encargos de Família para Fins de Imposto de Renda Retido na Fonte

Impresso padronizado da Receita Federal, no qual consta a relação dos dependentes legais para efeito de encargos de família no Imposto de Renda Retido na Fonte. O Departamento de Pessoal preenche o impresso conforme as informações recebidas pelo trabalhador, levando em consideração as exigências da Receita Federal.

São informações do impresso padronizado:

- qualificação da empresa contratante;
- nome completo dos dependentes legais, relação de dependência (esposa, filho(a) etc.) e respectiva data de nascimento;
- qualificação do trabalhador declarante;
- assinatura apenas do funcionário declarante.

Lembrando que a responsabilidade pelas informações prestadas nessa declaração é unicamente do trabalhador.

O documento deve ser renovado sempre que ocorrer qualquer alteração nas informações iniciais.

**Modelo**

## Declaração de Encargos de Família para Fins de Imposto de Renda

| Empresa | | |
|---|---|---|
| Registro | Nome | Depto./Setor/Seção |

Em obediência à legislação do Imposto de Renda, venho pela presente informar-lhes que tenho como encargo(s) de família a(s) pessoa(s) abaixo relacionada(s).

| Num. Ordem | Nome dos Dependentes | Rel. Dependência | Data Nasc. |
|---|---|---|---|
| | | | |
| | | | |
| | | | |
| | | | |

Declaro, sob as penas da lei, que as informações aqui prestadas são verdadeiras e de minha inteira responsabilidade, não cabendo a V.S.a(s) (fonte pagadora) nenhuma responsabilidade perante a fiscalização.

Local e Data

Assinatura do declarante

Assinatura do cônjuge em caso de dependentes em comum

## Termo de Responsabilidade do Salário-Família

Impresso padronizado da Previdência Social, no qual consta a relação dos filhos para efeito de concessão do salário-família. O preenchimento correto é importante para que o trabalhador tenha o pagamento no demonstrativo mensal.

São informações do impresso padronizado:

- nome da empresa contratante;
- nome do trabalhador contratado, número da CTPS ou documento de identidade;
- nome dos filhos menores de 14 anos e respectiva data de nascimento;
- assinatura apenas do funcionário declarante.

Conforme as informações prestadas, tanto a empresa quanto o funcionário declaram sob as penas da lei que se responsabilizam pelos pagamentos do salário-família.

O documento deve ser renovado sempre que ocorrer alguma alteração nas informações iniciais.

Por se tratar de um termo de responsabilidade, o funcionário deve informar imediatamente quando ocorrer óbito do filho ou qualquer ocorrência que determine a substituição do pagamento para outra pessoa, devidamente identificada pela Previdência Social.

**Modelo**

## Termo de Responsabilidade para Concessão de Salário-Família

| Empresa | | | |
|---|---|---|---|
| Registro | Nome | | Depto./Setor/Seção |
| Num. Ordem | Nome dos Dependentes | Rel. Dependência | Data Nasc. |
| | | | |
| | | | |
| | | | |
| | | | |

Pelo presente TERMO DE RESPONSABILIDADE declaro estar ciente de que deverei comunicar de imediato a ocorrência dos seguintes fatos que determinem a perda do direito ao salário-família:

- ÓBITO DE FILHO
- CESSAÇÃO DE INVALIDEZ
- SENTENÇA JUDICIAL

Estou ciente, ainda, que a falta de cumprimento do compromisso ora assumido, além de obrigar a devolução das importâncias recebidas indevidamente, sujeitar-me-á às penalidades previstas no Art. 171 do código penal e a rescisão do contrato de trabalho por justa causa, conforme Art. 482 da C.L.T.

Local e Data

________________________________

Assinatura do declarante

**Modelo**

## Ficha de Salário-Família

Empresa ______________________ CNPJ/Matr. INSS ____________
Endereço ____________________________________________
Bairro ____________ Cidade ____________ Estado____ CEP ____________

Nome do Empregado______________________ Cart. Prof. ______Registro __________
Data de Admissão ___/___/_____ Data da Cessação ___/___/_____
Endereço ____________________________________________
Bairro ____________ Cidade ____________ Estado____ CEP ____________

| Nº Ordem | Nome dos Dependentes | Data Nasc. | Local Nasc. | Cartório | Nº Reg. | Nº Livro | Nº Folha | Data Entrada Certidão | Baixa | Visto Fiscal INSS |
|---|---|---|---|---|---|---|---|---|---|---|
| | | | | | | | | | | |
| | | | | | | | | | | |
| | | | | | | | | | | |
| | | | | | | | | | | |
| | | | | | | | | | | |
| | | | | | | | | | | |
| | | | | | | | | | | |
| | | | | | | | | | | |
| | | | | | | | | | | |
| | | | | | | | | | | |

VALOR TOTAL DOS SALÁRIOS -FAMÍLIA PAGOS

Em __________ de ______ R$ ________ Em __________ de______ R$ ________
Em __________ de ______ R$ ________ Em __________ de ______ R$ ________
Em __________ de ______ R$ ________ Em __________ de ______ R$ ________
Em __________ de ______ R$ ________ Em __________ de ______ R$ ________
Em __________ de ______ R$ ________ Em __________ de ______ R$ ________
Em __________ de ______ R$ ________ Em __________ de ______ R$ ________

Recebi os documentos acima.

Data da rescisão ___/___/_____ ____________________________

Assinatura

Se o trabalhador não exceder o limite máximo permitido pela legislação de 8 horas diárias e 44 horas semanais, pode compensar um determinado dia se existir um Acordo de Compensação.

Exemplo: jornada de segunda a sexta-feira, das 8 às 17h48 com uma hora para refeição e descanso, e compensando o sábado. Esta jornada perfaz um total de 8 horas e 48 minutos diários.

O empregador deve preencher o Acordo de Compensação de Horas de Trabalho, discriminando os dias da semana em que o trabalhador desenvolve suas atividades, horário de início, de término da jornada, respectivo tempo para refeição e descanso, total de horas semanais.

> Art. 58 da CLT - A duração normal do trabalho, para os empregados em qualquer atividade privada, não excederá oito horas diárias, desde que não seja fixado expressamente outro limite.
>
> Art. 7º da Constituição Federal - São direitos dos trabalhadores... além de outros... XIII - duração do trabalho normal não superior a oito horas diárias e quarenta e quatro semanais, facultada a compensação de horários e a redução da jornada, mediante acordo ou convenção coletiva de trabalho.

O formulário é assinado por ambas as partes.

**Modelo**

### Acordo para Compensação de Horas de Trabalho

Entre ______________________________________________, estabelecida em ____________________________________________, e o seu empregado, abaixo assinado, portador da Carteira Profissional e Previdência Social nº ______/____, fica convencionado de acordo com o disposto do Art. 59 - Parágrafo 2º, aprovado pelo Decreto Lei nº 5.452 de 1º de maio de 1943 da CLT, que o horário normal do trabalho será o seguinte:

Segunda-feira das ____ às ____ horas com descanso de ____ hora(s)

Terça-feira das ____ às ____ horas com descanso de ____ hora(s)

Quarta-feira das ____ às ____ horas com descanso de ____ hora(s)

Quinta-feira das ____ às ____ horas com descanso de ____ hora(s)

Sexta-feira das ____ às ____ horas com descanso de ____ hora(s)

Sábado das ____ às ____ horas

com descanso semanal aos domingos.

Perfazendo o total de _______ horas semanais.

E, por estarem de pleno acordo, as partes contratantes assinam o presente acordo em 02 (duas) vias, o qual vigorará até _____/_____/_____.

Local e data

________________________________________
Assinatura da empresa

________________________________________
Assinatura do empregado

## Acordo para Prorrogação de Horas de Trabalho

Documento que demonstra o acordo entre a empresa contratante e o trabalhador com relação à duração do trabalho diário, e que pode acrescentar até duas horas, consideradas extraordinárias e pagas com o acréscimo que a legislação ou o acordo coletivo determinar.

Art. 59 da CLT - A duração normal do trabalho poderá ser acrescida de horas suplementares, em número não excedente de duas, mediante acordo escrito entre empregador e empregado, ou mediante contrato coletivo de trabalho.

§ 2º Poderá ser dispensado o acréscimo de salário se, por força de acordo ou convenção coletiva de trabalho, o excesso de horas em um dia for compensado pela correspondente diminuição em outro dia, de maneira que não exceda, no período máximo de um ano, a soma das jornadas semanais de trabalho previstas, nem seja ultrapassado o limite máximo de 10 horas diárias (red. Lei 9.601/98 e MP 1.952-20/2000).

O formulário é assinado por ambas as partes.

**Modelo**

**Acordo para Prorrogação de Horas de Trabalho**

Entre a Empresa ______________________________________ e seu colaborador ______________________________________, portador da Carteira Profissional e Previdência Social nº ______/____, fica estabelecido que a jornada de trabalho será prorrogada em 02 (duas) horas extras remuneradas com acréscimo de acordo com a Lei.

O presente acordo terá validade até ____/____/____ salvo se qualquer das partes em comum acordo se manifeste em contrário.

Local e data

______________________________
Assinatura da empresa

______________________________
Assinatura do empregado



## Termo de Opção de Vale-Transporte

Documento que identifica a opção ou não do funcionário pelo benefício vale-transporte.

> Lei 7.418 de 16 de dezembro de 1985.
>
> Art. 1º - Fica instituído o Vale-Transporte que o empregador, pessoa física ou jurídica, antecipará ao empregado para utilização efetiva em despesas de deslocamento residência-trabalho e vice-versa, através do sistema de transporte coletivo público, urbano ou intermunicipal e/ou interestadual com características semelhantes aos urbanos, geridos diretamente ou mediante concessão ou permissão de linhas regulares e com tarifas fixadas pela autoridade competente, excluídos os serviços seletivos e os especiais (red. Lei 7.619/87 com remuneração de artigos).
>
> Art. 4º - A concessão do benefício ora instituído implica a aquisição do empregador dos vales-transporte necessários aos deslocamentos do trabalhador no percurso residência-trabalho e vice-versa no serviço de transporte que melhor se adequar.
>
> Parágrafo único. O empregador participará dos gastos de deslocamento do trabalhador com a ajuda de custo equivalente à parcela que exceder a 6% (seis por cento) de seu salário-base (Art. rev. pela Lei 9.532/97 e restabelecido pela MP 1990-27, de 13.1.2000).

Não é permitido que a empresa contratante substitua o fornecimento do vale-transporte por antecipação em dinheiro ou qualquer outra forma de pagamento, salvo determinação em acordo coletivo da categoria profissional.

Caso o funcionário não utilize transporte coletivo para este fim, é necessário que a opção seja de "NÃO" utilização do benefício, com a assinatura do termo em conjunto com a empresa.

Na hipótese de o funcionário infringir tal compromisso, poderá ser penalizado de acordo com os termos da legislação trabalhista vigente.

**Modelo**

## Termo de Opção do Vale-Transporte

Nome do Funcionário: ______________________ Registro:______

Endereço Residencial: ______________________

Bairro: ______________Cidade: __________Estado:_____

Cargo: ______________________

Horário de Trabalho: ______________________

### Opção pelo Sistema de Vale-Transporte

Faça sua opção por recebê-lo ou não, assinalando em um dos quadros:

( ) SIM ( ) NÃO

Condução de ida: ______________________

______________________

Condução de volta: ______________________

______________________

### Declaração

Declaro que utilizarei o vale-transporte exclusivamente ao efetivo deslocamento residência/trabalho e vice-versa.

Assumo inteira responsabilidade de comunicar, imediatamente e por escrito, sempre que alguma alteração vier a ocorrer.

Estou ciente de que a declaração falsa ou o uso indevido do benefício caracteriza a rescisão de contrato de trabalho por justa causa, ato de improbidade, Art. 482, letra "a" da C.L.T.

Local e data

______________________
Assinatura do empregado

| Tipo de Condução | Quantidade por dia |
|---|---|
| | |
| | |
| | |

No ato da admissão a empresa oferece benefícios extensivos a todos os trabalhadores. Qualquer benefício "contributário", ou seja, do qual o trabalhador participa do custeio, quando não previsto no Contrato Individual de Trabalho, o Departamento de Pessoal deve estipular um documento de autorização para desconto em Folha de Pagamento.

Em muitas situações, o Departamento de Pessoal não expressa no contrato individual de trabalho, a cláusula em que o trabalhador concorda com determinados descontos. Na maioria das vezes, refere-se a benefícios oferecidos ao trabalhador que custeia parte do valor, inclusive sendo objeto da Folha de Pagamento.

Esse procedimento valoriza a relação de emprego, pois desta forma o trabalhador não terá dúvidas quando encontrar no seu demonstrativo de pagamento o desconto acordado.

Para o empregador é a segurança de que todos os seus direitos estão protegidos de controvérsias ou reclamações futuras.

Alguns benefícios comuns entre as empresas:

- assistência médica;
- refeição;
- seguro de vida;
- assistência odontológica;
- cesta básica;
- vale-refeição etc.

Para cada benefício sugere-se elaborar um documento específico, assinado por ambas as partes e guardado no prontuário do trabalhador até o seu efetivo desligamento da empresa.

**Modelo**

**Autorização para Desconto em Folha de Pagamento**

Eu, ________________________________________________, autorizo esta Empresa a descontar de meus vencimentos mensais a importância referente a ______________ do valor total do benefício ____________________________.

Local e data

________________________________
Assinatura do empregado

________________________________
Assinatura da empresa

## Prontuário do Trabalhador

Após o processo de Contratação e Admissão, o Departamento de Pessoal deve criar um prontuário para cada trabalhador, no qual se arquivam os documentos básicos referentes à trajetória do profissional na empresa.

O prontuário é considerado um arquivo pessoal do trabalhador que, além de facilitar o acesso do Departamento de Pessoal aos documentos profissionais para efeitos de análise, facilita uma possível fiscalização do Ministério do Trabalho, evitando com isso que documentos individuais importantes fiquem arquivados sem organização.

Os documentos que devem ser arquivados são:

- Solicitação de vaga pelo requisitante;
- Documento de solicitação de emprego preenchido;
- Currículo profissional;
- Via do Contrato Individual de Trabalho;

- Via do acordo de compensação de horas de trabalho, quando houver;
- Via do acordo de prorrogação de horas de trabalho, quando houver;
- Via da declaração de encargos de família para fins de Imposto de Renda;
- Via do termo de responsabilidade para o salário-família;
- Via do termo de opção do vale-transporte;
- Via do atestado de saúde ocupacional (exame admissional).

No decorrer do tempo, arquivam-se outros documentos importantes:

- Aviso e recibo de férias;
- Alterações de cargo e salário;
- Documentos disciplinares (advertências, suspensões etc.).

**Observação**

Quando houver alguma alteração (dependentes, endereço, estado civil etc.), os impressos devem ser atualizados no prontuário, que é um documento de fiscalização por parte do Ministério do Trabalho, portanto deve estar em ordem.

Frequentemente nas normas coletivas de trabalho, os sindicatos das categorias profissionais estipulam cláusulas com benefícios ao trabalhador, dentre eles:

- **Auxílio creche:** que obriga as empresas, nos termos da legislação em vigor, a firmar convênio com creche ou berçário que se situe mais próximo do local de trabalho, podendo, em substituição, instituir para a trabalhadora mãe o sistema de reembolso-creche, estabelecido em percentual mínimo, normalmente 25% do salário normativo da categoria, salvo condições mais favoráveis já praticadas, pago mediante recibo da mensalidade e destinado a crianças até 24 meses de idade; não integrando este valor para nenhum efeito, o salário da trabalhadora.
- **Auxílio funeral:** normalmente estipula-se um valor de referência para efeito de auxílio ao funeral do trabalhador da

empresa. Em alguns casos em que o empregador ofereça seguro de vida em grupo aos trabalhadores, fica estipulado no acordo ou convenção coletiva a supressão deste auxílio, por entenderem que ele substitui o evento.

- **Complementação do auxílio previdenciário:** o empregador, em alguns casos, concederá uma complementação do auxílio previdenciário ao trabalhador afastado por motivo de doença ou acidente do trabalho, para que receba a mesma remuneração, como se estivesse em atividade por um prazo determinado. O trabalhador normalmente, quando está afastado por acidente de trabalho, tem o mesmo benefício em relação ao 13º salário.
- **Reembolso ao trabalhador em vias de aposentadoria:** normalmente o trabalhador que for dispensado sem justa causa e estiver a um máximo de 12 meses da aquisição do direito à aposentadoria, assim como conte com um mínimo de cinco anos na mesma empresa, fica assegurado o reembolso das contribuições comprovadamente por ele feitas à Previdência Social, com base no seu último salário, até o limite de 12 meses, caso não consiga outro emprego dentro desse prazo.
- **Indenização por aposentadoria:** acordos que mantêm ressalvadas as situações mais favoráveis já existentes, inclusive plano de complementação de aposentadoria, aos trabalhadores já aposentados, ou que venham a se aposentar, contando com X anos ou mais de serviços prestados na mesma empresa, é pago quando do desligamento definitivo e na oportunidade da correspondente rescisão do contrato de trabalho, uma indenização equivalente ao seu último salário.

Cabe lembrar que o Departamento de Pessoal deve observar a norma ou acordo coletivo da categoria profissional da empresa onde trabalha, e se certificar das cláusulas que favorecem a relação de emprego, principalmente quanto aos benefícios adicionais que competem ao acordo expresso entre empresas e sindicatos.

# Exercícios

1. De acordo com os tópicos estudados, verifique quais impressos padronizados e documentos são necessários para o preenchimento:

   a) Sr. Luiz é contratado como Supervisor de Controle de Qualidade a partir de 01.08.20XX. É solteiro, não possui dependentes legais e não é o seu primeiro emprego. Horário diário de trabalho: 8 horas e 48 minutos, de segunda a sexta-feira.

   ______________________________________________

   ______________________________________________

   ______________________________________________

   b) Ana Lúcia foi contratada como Auxiliar Administrativo a partir de 02.01.20XX. Tem três dependentes reconhecidos pelo IRF (três filhos de 5, 7 e 12 anos respectivos), não é o seu primeiro emprego. Horário diário de trabalho: 8 horas de segunda a sexta-feira e 4 horas aos sábados.

   ______________________________________________

   ______________________________________________

   ______________________________________________

   c) Valdemar Pereira foi contratado como Vendedor a partir de 17.03.20XX. É solteiro, tem um dependente reconhecido pelo IRF: filho de 14 anos completos, é seu primeiro emprego registrado. Horário diário de trabalho: 8 horas de segunda a sexta-feira.

   ______________________________________________

   ______________________________________________

   ______________________________________________

2. Qual a importância do Contrato Individual de Trabalho na relação de emprego?

3. Na hierarquia da legislação trabalhista no Brasil, qual é a que mais favorece a relação entre empregador e trabalhador?

4. Qual a finalidade do Contrato de Experiência na relação de emprego?



5. Comente a diferença entre empregador e empregado (artigos 2º e 3º da CLT) e as circunstâncias básicas para que haja a relação de emprego.

6. Com as suas palavras, o que é trabalho "temporário" em relação à legislação trabalhista?

7. O Art. 58 da CLT e inciso XIII do Art. 7º da Constituição Federal de 1988 preveem limites na jornada de trabalho diária e semanal, respectivamente, 8 horas e 44 horas. Defina Acordo de Compensação e Acordo de Prorrogação de horas de trabalho. Quando a empresa é obrigada a estipular um ou outro acordo?

8. Comente a importância da CLT na relação entre empregador e trabalhador.

9. Comente a importância da "Autorização de desconto em Folha de Pagamento".

# Estudo de Caso

Uma empresa do ramo de telemarketing vem aumentando o seu poder de atuação no mercado. Quando iniciou suas atividades, contava com uma carteira pequena de clientes e seus processos administrativos eram centralizados em uma única pessoa e um escritório de contabilidade externo, que administrava a controladoria da empresa.

À pessoa da administração da empresa cabia a responsabilidade de todas as contratações e o serviço burocrático do Departamento de Pessoal, além de outros.

Atualmente, com o aumento de clientes, a empresa precisou contratar mais trabalhadores, e o processo de contratação, pelo acúmulo de trabalho, está focado em apenas registrar a CTPS do trabalhador e providenciar as informações para o escritório de contabilidade para a confecção da Folha de Pagamento.

A empresa precisa da sua ajuda. Faça uma análise dos riscos que ela está correndo em negligenciar o processo correto de Contratação, Admissão e Registros e Documentos.

# 4

# Salário, Remuneração e Adicionais

•••

## Salário

Na história das relações entre empregador e empregado, o salário é o elemento de suma importância no processo de contratação. É o valor fixado no ato da contratação e pago ao trabalhador pelo exercício das suas atividades no posto de trabalho. Pode ser fixado por mês (mensalista), hora (horista), dia (diarista) ou por tarefa (tarefeiro).

O Departamento de Pessoal deve observar a Constituição Federal de 1988, que estabelece o mínimo a se pagar e as Convenções e Acordos sindicais que determinam o piso salarial da categoria.

A administração dos salários dentro de uma empresa é imprescindível para que ocorra a justiça em relação aos esforços e aos valores recebidos por estes.

Também é relevante levar em consideração o ambiente externo, ou seja, como o mercado administra o salário do mesmo ramo de atividade. A administração de salários compõe-se de um conjunto de normas e procedimentos utilizados para manter a estrutura de salários equitativos na empresa, que tenha equilíbrio interno e competitividade com o mercado de trabalho.

O Departamento de Pessoal, principalmente numa empresa que não possua uma estrutura organizada de Cargos e Salários, deve estar atento às informações do mercado, seja por meio de pesquisas de salários, seja por troca de experiências com grupos de trabalho externos afins.



# Remuneração

Representa a contraprestação do serviço do trabalhador além do salário fixo contratual. O papel estratégico do Departamento de Pessoal é orientar o trabalhador sobre a relação entre o salário e a remuneração.

Muitos trabalhadores não entendem a diferença entre os dois e invariavelmente são pegos na "armadilha" das especulações do mercado de trabalho.

O importante é que o Departamento de Pessoal explique, oriente e converse, principalmente com os trabalhadores recém-admitidos sobre:

- O que é salário-base ou salário contratual?
- Que são adicionais?
- De que forma os adicionais integram o salário?
- Qual é o valor agregado ao salário dos benefícios oferecidos pelo empregador?
- Como calcular tudo isso?

A grande oportunidade que o empregador tem de evidenciar sua credibilidade perante os trabalhadores é nesse momento, quando o trabalhador está atento àquilo que chama mais a sua atenção antes até de iniciar as atividades.

O trabalhador neste momento está sensível às explicações e é desta maneira que o Departamento de Pessoal pode demonstrar toda a sua responsabilidade e seriedade com a administração dos seus direitos.

## Adicionais

São importâncias que integram o salário desde que pagas com habitualidade (Art. 457 § 1º da CLT):

- **Prêmios ou comissões:** promessa de vantagem (em dinheiro ou não). Quando habituais, integram o salário e demais reflexos.
- **Abonos:** (§ 1º) quando pagos pelo empregador, integram o salário; reajuste salarial; salário anual do PIS.
- **Gratificações:** vantagens obtidas pelo trabalhador. Quando habituais, integram o salário e demais reflexos.
- **Gorjetas:** (§ 3º) considera-se não só a importância espontaneamente dada pelo cliente ao empregado, como também aquela cobrada pela empresa do cliente, tais como: adicional nas contas a qualquer título e destinada à distribuição aos trabalhadores.
- **Salário "*in natura*" ou em espécie:** vantagem pelo trabalho ou para o trabalho. Por exemplo: habitação, transporte, alimentação.

Outros adicionais que integram o salário do mês em referência:

- **Horas extraordinárias:** quando o trabalhador excede a sua jornada normal de trabalho diária - Art. 59 da CLT.
- **DSR de horas extras:** as horas extras habituais integram a remuneração do DSR - enunciado 172 do Tribunal Superior do Trabalho (TST).
- **Hora noturna:** Art. 73 § 1º da CLT.
- **Insalubridade:** atividades que podem causar danos à saúde do trabalhador - Art. 192 da CLT; NR nº 15.
- **Periculosidade:** atividades em condições perigosas ou em contato com produtos inflamáveis ou explosivos - Art. 193 da CLT; NR nº 16.

Como salário, integram o cálculo de férias, 13º salário, FGTS e incidem sobre o cálculo de INSS e Imposto de Renda.

# Exercícios

1. O salário tem sido importante na decisão de um emprego. Como a remuneração pode contribuir para melhorar esse entendimento?

2. Qual a diferença entre os adicionais de insalubridade e de periculosidade? Dê exemplos.

# Estudo de Caso

A empresa de telemarketing, atenta à concorrência do mercado, resolve profissionalizar seus processos no Departamento de Pessoal. Foi contratado um profissional especialista na área para auxiliar na administração da empresa.

O grande problema é que todos os trabalhadores não passaram por uma integração, motivo que preocupa a empresa com relação à possibilidade de desligamentos relacionados à falta de informação sobre os aspectos salariais e de remuneração.

Faça uma reflexão e elabore um planejamento para motivar os trabalhadores a permanecerem na empresa, focando a relação entre salário e remuneração.

# 5

# Duração do Trabalho

• • •

A luta dos trabalhadores por uma limitação na jornada de trabalho obteve sucesso com a Constituição Federal de 1988, que reduziu a jornada semanal de trabalho de 48 para 44 horas. Desde então, as categorias trabalhadoras buscam acordos que favoreçam a redução das 44 horas.

Em alguns casos, já existem empresas que, através de acordo ou normas coletivas com os trabalhadores/sindicato, adotaram jornadas de 42 e 40 horas semanais.

As atitudes das pessoas variam de acordo com a sua participação na política da empresa e como interagem com as mudanças da legislação.

Desde o surgimento das leis que protegem a relação de trabalho, os empregadores viram-se compelidos a procurar caminhos para sobreviver com o seu negócio e prover sua mão de obra de recursos, para juntos melhorarem a qualidade dos produtos e serviços, aumentarem a produtividade da sua força de trabalho e produzirem com o menor custo possível, e do outro lado, atenderem às necessidades dos seus clientes e parceiros.

O trabalho passou a ser analisado como ferramenta estratégica e não apenas como cumprimento de normas estipuladas pela legislação do trabalho. A carga horária de trabalho se tornou motivo de decisões acerca da adequação da capacidade de consumo à capacidade de produção que a empresa disponibiliza em relação à geração de negócios.

## Jornada de Trabalho

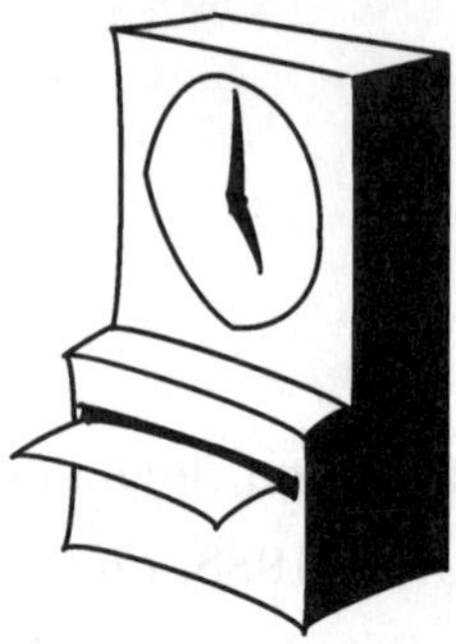

Conforme o Art. 58 da CLT e inciso XIII do Art. 7º da Constituição Federal de 1988, a duração normal do trabalho não pode ultrapassar o limite máximo de oito horas diárias e 44 horas semanais e pode ser estipulada em contrato uma jornada inferior.

Em casos especiais em que a atividade exija contato ininterrupto com máquinas, a legislação determina jornada de trabalho diferenciada (digitadores, ascensoristas, telefonistas etc.), pois leva em consideração as características físicas e psicológicas do trabalhador.

## Compensação de Horas de Trabalho

A compensação de horas de trabalho acontece quando o trabalhador excede a sua jornada diária, por isso é necessário que ele diminua a jornada em outro dia. Caso isso ocorra, o empregador está isento do pagamento de hora extraordinária (Art. 59 da CLT, parágrafo 2º).

Quando ocorrem emendas de feriados, se recaírem às terças ou quintas-feiras, com as segundas e sextas-feiras compensadas, os critérios são estabelecidos pelo empregador quanto à compensação, por meio de comunicação interna e acordo coletivo.

## Prorrogação de Horas de Trabalho

Quando o trabalhador supera a jornada diária ou semanal de trabalho, o empregador deve pagar essas horas como extras, com o adicional estipulado em acordo coletivo da categoria.

Na ocorrência da habitualidade deste procedimento, as horas extras incorporam o salário do descanso semanal remunerado, calculado pela média entre os dias úteis, domingos e feriados do mês.

> Art. 59 da CLT - A duração normal do trabalho poderá ser acrescida de horas suplementares, em número não excedente de duas, mediante contrato coletivo de trabalho.

Conforme o Art. 61 da CLT e seus parágrafos, poderá ultrapassar o limite legal quando houver necessidade imperiosa ou força maior, quando a remuneração da hora extra será paga sem o acréscimo.

## Banco de Horas

Lei nº 9.601/98, Medida Provisória nº 1.709/98, as horas trabalhadas além do limite legal poderão ser compensadas pelos trabalhadores, com folgas nos dias subsequentes.

Os acordos coletivos das categorias preveem a matéria de forma a proteger os interesses dos trabalhadores e preservar a relação com o empregador, adotando critérios próprios para administrar as horas excedentes.

As práticas trabalhistas têm demonstrado que empresas vêm substituindo o pagamento das horas extraordinárias na Folha de Pagamento por banco de horas, porém de maneira irresponsável.

Mesmo prevista a regra do banco de horas no acordo coletivo, as empresas têm, inadvertidamente, alocado horas excedentes de trabalho num tipo de "compensação futura", esquecendo-se dos prazos estipulados para quitação dessas horas. Trabalhadores são prejudicados por falta de um esclarecimento melhor sobre a finalidade dessas horas, que em muitos casos se perdem no tempo.

Cabe ao Departamento de Pessoal a orientação adequada aos gestores sobre a prática do banco de horas nas empresas, pois o desconhecimento ou a falta de orientação pode provocar passivos trabalhistas difíceis de serem administrados.



## Períodos de Descanso

Conforme o Art. 71 da CLT, para as jornadas consecutivas de trabalho superiores a seis horas, é necessário um repouso ou alimentação de, no mínimo, uma hora e no máximo duas horas.

Quando a empresa oferecer recursos de refeitório e não habitualidade de horas extras, o Ministério do Trabalho pode reduzir o período (Art. 71 da CLT § 3º).

Para jornadas de trabalho superiores a quatro horas e inferiores a seis horas, é obrigatório o descanso de 15 minutos (Art. 71 da CLT § 1º); inferiores a quatro horas, não há necessidade de descanso.

É importante que o Departamento de Pessoal verifique o que determina o acordo coletivo da categoria profissional, principalmente quanto às atividades especiais que requerem um descanso diferenciado.

Conforme o Art. 66 da CLT, o intervalo entre jornadas de trabalho, que compreende do término de uma e início de outra, não pode ser inferior a 11 horas.

O período de descanso representa um momento de transição e fortalecimento dos objetivos dos trabalhadores. O empregador deve compreender que um ambiente limpo e arejado, uma alimentação digna e saudável podem adicionar um composto importante à relação de trabalho, a valorização e o respeito que os trabalhadores percebem e procuram numa empresa.

Respeitar o horário de descanso é primordial para que o empregador consiga o comprometimento dos trabalhadores. Quando esses momentos são interrompidos por problemas de trabalho, prejudicam essa relação, provocando insatisfação que pode se espalhar para os demais trabalhadores.

O Departamento de Pessoal deve ser sensível a tais aspectos, que podem atrapalhar qualquer implementação de políticas empresariais, principalmente quando for necessária a colaboração da força de trabalho.

## Descanso Semanal Remunerado (DSR)

> Art. 67 da CLT - Será assegurado a todo empregado um descanso semanal de 24 horas consecutivas, o qual, salvo motivo de conveniência pública ou necessidade imperiosa do serviço, deverá coincidir com o domingo, no todo ou em parte.

Ao trabalhador que completar a jornada de trabalho semanal, sem ocorrências e/ou justificativas, é assegurado o Descanso Semanal Remunerado.

No cálculo salarial do trabalhador mensalista já está inserido o valor do DSR. Desta forma, caso o trabalhador não cumpra a sua jornada de trabalho, a empresa pode descontar o DSR do seu salário.

## Faltas e Atrasos

Faltas são as ausências do trabalhador no seu posto de trabalho no período completo de um dia.

Atrasos são frações do dia de trabalho em que o trabalhador se ausenta do seu posto de trabalho (por exemplo, uma hora de atraso no início da jornada; saída antecipada do seu posto de trabalho).

Existem algumas características quanto às faltas e atrasos:

- **Justificadas:** são ausências em que o trabalhador, por justo motivo, apresenta documento comprobatório de sua saída (consulta ou exame médico, recebimento do PIS). Nestes casos, a empresa não pode descontar a ausência de seu salário, sem prejudicá-lo nos reflexos de férias nem na sua avaliação profissional.
- **Injustificadas:** são ausências em que o trabalhador não apresenta motivo justo. Nestes casos, além de descontar a ausência, a empresa pode descontar o DSR, incidindo também nas férias e na avaliação profissional.

Em alguns casos, existe o que se denomina ausências "***abonadas***", que, por conta e risco da empresa, ela não desconta do salário do trabalhador, apesar da legislação não prever tal condição.

Empresas preocupadas não só com a penalização das ausências vêm adotando, em seu relacionamento com os trabalhadores, uma conscientização a respeito dos efeitos das ausências no posto de trabalho, tanto para a empresa quanto para eles. Elas criam um canal de comunicação aberto para a resolução de qualquer problema que pode ser administrado sem que o trabalhador precise se ausentar.

Em alguns casos o Departamento de Pessoal serve de intermediário, por exemplo:

- Marcação de consultas para familiar;
- Intermediação em problemas particulares que exigem a presença do trabalhador em determinado lugar para resolver;
- Retirada de documentos particulares;
- Pagamento do PIS na Folha de Pagamento;
- Serviços pela *Internet* etc.

# Trabalho Noturno

É a atividade executada no período compreendido entre 22 e 5 horas do dia seguinte (Art. 73 § 2º da CLT).

A hora noturna equivale a 52 minutos e 30 segundos (Art. 73 § 1º da CLT), e para efeitos deste artigo, o período trabalhado de sete horas equivale a oito horas para pagamento ao trabalhador.

A hora noturna deve ter um acréscimo mínimo de 20% da hora diurna ou outro acréscimo maior, conforme acordo coletivo da categoria profissional.

Essa modalidade de trabalho noturno acontece quando a empresa necessita cumprir seu planejamento de produção, e seus recursos (máquinas e espaço físico) não comportam o número de trabalhadores para conseguir o resultado esperado.

Neste caso a legislação permite que se elabore um turno de trabalho noturno, em que o empregador deve atender ao estipulado em relação à valorização diferenciada entre a hora noturna e a diurna.

# Registro de Frequência

O trabalhador é obrigado a registrar a sua frequência no seu posto de trabalho de maneira manual, mecânica ou eletrônica, conforme o que o empregador determinar. É uma exigência legal que o empregador também tenha que cumprir o Art. 74 § 2º da CLT e alterações Lei nº 7.855/89.

Com base nesse registro de frequência, o empregador paga aquilo que é devido ao empregado e serve-lhe de controle para o absenteísmo (relação entre os dias do mês e as ausências no mesmo período) e de excedentes de horas de trabalho.

O registro de frequência deve conter:

- Hora de início da jornada de trabalho (informa o momento em que o trabalhador inicia as suas atividades laborais);
- Hora de término da jornada de trabalho (informa o momento em que o trabalhador termina as suas atividades laborais);
- Intervalo de refeição ou descanso (caso o controle de frequência já fixe o horário de intervalo, o empregador pode isentar o trabalhador de marcar o horário);
- Horas extraordinárias (informa o excedente de horas além da jornada normal de trabalho).

Existem algumas formas de registrar a frequência:

- Livro de registro presencial com a devida assinatura;
- Relógio de ponto, pelo cartão de registro de ponto, com a devida assinatura;
- Ponto eletrônico (cartão de identificação ou "crachá", biometria ou outro mecanismo de acesso), com a devida assinatura.

Contudo, algumas empresas também emitem um documento de frequência impresso para que o trabalhador assine, autenticando os registros eletrônicos.

É importante salientar que a Portaria nº 1.510, de 21 de agosto de 2009, disciplina o registro eletrônico de ponto e a utilização do Sistema de Registro Eletrônico de Ponto (SREP) previsto no artigo 74, parágrafo 2º da CLT.

Qualquer sistema de controle de frequência que utilize meios eletrônicos para identificar o trabalhador, tratar, armazenar ou enviar qualquer tipo de informação de ponto deve atender aos requisitos da respectiva Portaria 1.510/2009 do Ministério do Trabalho.

- Papeleta de serviço externo, na qual o trabalhador caracteriza suas atividades, assinala manualmente a sua frequência, subordina-se ao seu superior e a assina posteriormente.

## Suspensão e Interrupção do Contrato de Trabalho

> Art. 471 da CLT - Ao empregado afastado do emprego, são asseguradas, por ocasião de sua volta, todas as vantagens que, em sua ausência, tenham sido atribuídas à categoria a que pertencia na empresa.

"*Em ambas o contrato de trabalho continua vigente, mas as obrigações principais das partes não são exigíveis (suspensão) ou o são apenas parcialmente (interrupção). Na primeira não há trabalho, mas o empregado continua a receber os salários. O tempo daquela não se conta como de efetivo exercício; o desta, em geral, sim. Na suspensão do contrato inexiste recolhimento previdenciário (Lei 8.213/91, Art. 15). Os depósitos do FGTS são devidos nos casos de interrupção do contrato (Decreto 99.684/90, Art. 28), pois somente neste último são devidos os salários. Rescisão (Art. 477, nota 6)*" (CARRION, 2000, p. 328).

As empresas estão sensíveis às causas das interrupções do contrato de trabalho, principalmente quando se trata de problemas de saúde. Muitos ensaios de valorização das condições físicas e mentais dos trabalhadores têm levado as empresas a implementar programas de conscientização sobre doenças e exercícios laborais, sem distinção de cargo e responsabilidade.

Os exercícios laborais normalmente antecedem o início das atividades dos trabalhadores, o que contribui para minimizar as ocorrências de ausências no posto de trabalho.

Outras ações ligadas à qualidade de vida:

- Ambiente de descanso após a alimentação;
- Recreação para os trabalhadores;
- Palestras sobre qualidade de vida, estresse e administração do tempo;
- Treinamentos sobre os cuidados com a possibilidade de acidentes;
- Salas de leitura etc.

Com o Programa de Controle Médico e Saúde Ocupacional (PCMSO), as empresas buscam monitorar também periodicamente as condições de saúde dos trabalhadores, fator crítico do sucesso de qualquer negócio.



## Casos de Suspensão do Contrato

- Licença não remunerada - doença após os primeiros 15 dias, ou seja, nos casos de afastamentos pelo INSS, os primeiros quinze dias são de responsabilidade do empregador, remunerados em Folha de Pagamento; daí em diante a responsabilidade pela remuneração do trabalhador é do próprio INSS. Desta forma, a interrupção passa à suspensão do contrato de trabalho.
- Suspensão disciplinar.
- Acidente de trabalho e o serviço militar obrigatório (Art. 4 e 472 da CLT).
- Cargo sindical, se houver afastamento, quando o trabalhador é eleito para o cargo de representante sindical, considerando neste caso como licença não remunerada, isentando o empregador do pagamento de salário.
- Participação em curso ou programa de qualificação profissional, em virtude de suspensão do contrato (Art. 476-A).

# Casos de Interrupção do Contrato

- Domingos e feriados, se o trabalhador cumpriu a jornada da semana (Lei nº 605/49);
- Férias (Art. 130 da CLT);
- Falecimento de cônjuge, ascendente, irmão ou dependente (Art. 473 da CLT);
- Casamento, doação de sangue, alistamento militar, nascimento de filho (Art. 473 da CLT);
- Testemunha (Art. 822 da CLT);
- Ausências consideradas justificadas pelo empregador;
- Gravidez (Art. 392 da CLT). Neste caso, as 4 (quatro) semanas antes e 8 (oito) semanas depois do parto são consideradas como "licença-gestante ou remunerada", que representa um número de 120 (cento e vinte) dias, o qual será custeado pela Previdência Social, ou seja, a trabalhadora receberá o "salário-maternidade". O empregador deve cadastrar a trabalhadora no site da Previdência Social e informar a situação dela em relação ao seu dia de afastamento.
- Aborto (Art. 395 da CLT);
- Acidente de trabalho (primeiros 15 dias - Decreto nº 3.048/99);
- Doença (primeiros 15 dias; Lei nº 8.213, redação da Lei nº 9.876/99; Decreto nº 3.048/99);
- Serviço eleitoral (Lei nº 9.504/97);
- Exame vestibular de faculdade (Art. 473 da CLT);
- Comparecimento em juízo (Art. 473 da CLT).

# Exercícios

1. A qualidade e a produtividade dos trabalhadores estão relacionadas com o entendimento claro dos objetivos da empresa? Comente a respeito.

2. De que forma o período de alimentação e descanso pode ser considerado como ferramenta estratégica das empresas? Justifique.

3. O Departamento de Pessoal poderia contribuir para diminuir as ausências no posto de trabalho? Comente.

# Anotações

# Anotações

# 6

# FUNDO DE GARANTIA DO TEMPO DE SERVIÇO (FGTS)

• • •

> Art. 7º da Constituição Federal - São direitos dos trabalhadores...além de outros... III - Fundo de Garantia do Tempo de Serviço.

A Lei nº 8.036 de 11 de maio de 1990 regulamenta a opção pelo Fundo de Garantia do Tempo de Serviço que determina a obrigatoriedade das empresas de calcular 8% (oito por cento) sobre a remuneração do trabalhador no mês[1] e depositar este valor até o sétimo dia do mês seguinte ao trabalhado, numa conta específica "vinculada" e individual do trabalhador, na Caixa Econômica Federal (CEF).

[1] Incluem-se para este fim os valores do descanso de férias e do 13º salário.

# Depósito Mensal em Conta Vinculada

O valor calculado sobre a remuneração do trabalhador, normalmente, é feito mensalmente por meio de convênio[2] entre o empregador e a Caixa Econômica Federal, conhecido como Sistema Empresa de Recolhimento do FGTS e Informações à Previdência Social (SEFIP), que possibilita ao empregador a utilização de meio magnético para o preenchimento e recolhimento dos depósitos na Guia de Recolhimento do FGTS (GRF).

A Caixa Econômica Federal disponibiliza para o empregador um manual de orientação para o respectivo convênio.

O empregador é identificado nesse convênio pelo número do Cadastro Nacional de Pessoa Jurídica (CNPJ) e o trabalhador é identificado pelo número do PIS.

Caso o empregador não opte pela utilização do meio magnético, pode apenas cadastrar-se no SEFIP e preencher a GRF manualmente em impresso adquirido no comércio.

Após feito o primeiro recolhimento, o empregador recebe mensalmente pelo correio a GRF pré-emitida para o preenchimento das informações complementares do mês.

# Multa Rescisória

Quando houver a rescisão do contrato de trabalho, por iniciativa do empregador e sem justa causa, o trabalhador tem direito a receber, a título de multa rescisória, o valor de 40% (quarenta por cento) sobre o saldo de sua conta vinculada, somado a outros depósitos: do mês anterior ao da rescisão, do mês da rescisão e do aviso prévio[3].

---

[2] O convênio com a Caixa Econômica Federal é conhecido como "Conectividade Social".

[3] O pagamento relativo ao período de aviso prévio, trabalhado ou não, está sujeito à contribuição para o FGTS (Súmula 305 - TST).

O saldo da conta vinculada do FGTS do trabalhador é atualizado mensalmente por índice aplicado pela própria Caixa Econômica Federal, o qual é utilizado para os fins dos cálculos da rescisão.

Para o depósito da multa rescisória, é utilizado um formulário específico chamado de Guia de Recolhimento Rescisório do FGTS e Informações à Previdência Social (GRFP).

## Movimentação da Conta Vinculada do FGTS

O trabalhador pode movimentar ou sacar os depósitos do FGTS nos casos:

- Dispensa por iniciativa do empregador e sem justa causa, inclusive a indireta;
- Dispensa antecipada por iniciativa do empregador e sem justa causa do contrato por prazo determinado;
- Extinção do contrato temporário regido pela Lei 6.019/74;
- Fechamento da empresa;
- Aposentadoria, inclusive por invalidez ou falecimento do trabalhador;
- Inatividade da conta vinculada, superior a três anos ininterruptos, nos casos de dispensa por iniciativa do trabalhador;
- Idade igual ou superior a 70 anos;
- Quando o trabalhador ou seu dependente for portador do vírus HIV ou acometido de Neoplasia Maligna (câncer);
- Quando o trabalhador ou seu dependente estiver em estágio terminal, em razão de doença grave e possuir conta cujo saldo seja decorrente do complemento dos planos econômicos, quando formalizada a adesão até 30.12.2003.

No caso de pagamento de prestações do Sistema Financeiro da Habitação, o trabalhador pode movimentar especificamente para este fim (não sacar) e a formalização feita na Caixa Econômica Federal.

# 7

# Pagamento

• • •

## Legislação

Art. 459 da CLT - O pagamento do salário, qualquer que seja a modalidade do trabalho, não deve ser estipulado por período superior a um mês, salvo no que concerne a comissões, percentagens e gratificações.

Parágrafo único. Quando o pagamento houver sido estipulado por mês, deverá ser efetuado, o mais tardar, até o quinto dia útil do mês subsequente ao vencido (redação da Lei nº 7.855/89).

Art. 463 da CLT - A prestação, em espécie, do salário será paga em moeda corrente do País.

Parágrafo único. O pagamento do salário realizado com inobservância deste artigo considera-se como não feito.

> Art. 465 da CLT - O pagamento dos salários será efetuado em dia útil e no local de trabalho, dentro do horário do serviço ou imediatamente após o encerramento deste, salvo quando efetuado por depósito em conta bancária, observado o disposto no Art. 464 (red. Lei 9.528/97, Art. 3º).
>
> Art. 7º São direitos dos trabalhadores... além de outros... X - proteção do salário na forma da lei, constituindo crime sua retenção dolosa.

Folha de Pagamento é o processamento final das informações sobre a remuneração do trabalhador, ou seja, a contabilização dos proventos ou vencimentos brutos que o trabalhador terá de receber em relação aos descontos legais e autorizados.

## Vencimentos

São as parcelas relacionadas ao salário, devido no mês em referência, e os adicionais que integram a remuneração do trabalhador:

- Adiantamento salarial;
- Salário contratual;
- Descanso Semanal Remunerado (DSR);
- Adicionais (horas extras, DSR de hora extra, adicional noturno, insalubridade, periculosidade, comissões etc.);
- Gratificações/prêmios e outros adicionais;
- Salário-família;
- 13º salário;
- Empréstimos descontados em folha.

A Folha de Pagamento normalmente é processada por meio eletrônico e no final, é elaborado um demonstrativo de pagamento, que é a forma de representar para o trabalhador, de maneira clara e objetiva, o seu pagamento, sendo também o documento de quitação do mês em referência (Art. 464 da CLT).

> Art. 464 da CLT - O pagamento do salário deverá ser efetuado contra recibo, assinado pelo empregado; em se tratando de analfabeto, mediante sua impressão digital, ou, não sendo esta possível, a seu rogo.
>
> Parágrafo único. Terá força de recibo o comprovante de depósito em conta bancária, aberta para esse fim em nome de cada empregado, com o consentimento deste, em estabelecimento de crédito próximo ao local de trabalho (red. Lei 9.528/97, Art. 3º).

## Pagamento da Folha de Pagamento

O pagamento líquido da Folha de Pagamento do mês de referência deve ser feito até o quinto dia útil do mês subsequente ao trabalhado (Art. 459 e parágrafo único da CLT). Além disso, o pagamento deve ser efetuado em dia útil, nas dependências da empresa e se o trabalhador tiver que se dirigir ao Banco, deve ser dentro do horário de expediente bancário, ou seja, no horário de funcionamento ao público.

No caso de a empresa efetuar o pagamento líquido da Folha de Pagamento por meio de depósito bancário, não há obrigatoriedade de conceder horas para o trabalhador.

É o momento em que o Departamento de Pessoal verifica se toda a organização de seus processos está adequada, pois é quando fará o processamento mensal da vida financeira dos trabalhadores.

Em muitos casos, o Departamento de Pessoal que não se prepara para esse momento perde-se com a quantidade de informações, causando inconsistências que geram retrabalho, horas extraordinárias para o processamento da Folha de Pagamento, organização de documentos passados etc. e no final o resultado são reclamações dos trabalhadores e perda da confiança.

No momento em que há desconfiança por parte do trabalhador em seu pagamento mensal, o Departamento de Pessoal deve repensar os seus processos internos para evitar controvérsias na sua relação com os trabalhadores, pois o departamento representa a imagem da empresa perante eles.

## Adiantamento Salarial

Normalmente, por força de norma coletiva da categoria, os empregadores concedem um adiantamento do salário para o trabalhador, em data determinada. Esse tipo de adiantamento não é previsto em lei.

Em muitos casos, as empresas antecipam em média 40% (quarenta por cento) do salário-base do trabalhador, conhecido como adiantamento salarial.

O pagamento do adiantamento salarial é feito em dia que antecede o pagamento líquido da Folha de Pagamento (dias 15, 20 etc.).

O adiantamento salarial será compensado na Folha de Pagamento do mês de referência junto com as demais verbas de desconto.

Nos casos de trabalhadores que são contratados durante o respectivo mês do adiantamento salarial, a empresa pode proporcionalizar o adiantamento na razão dos dias efetivamente trabalhados, somando-se o Descanso Semanal Remunerado (DSR).

Exemplo 1

- **Folha de Pagamento:** 03/20XX - horista
- **Admissão:** 01.03.20XX (30 dias trabalhados no mês)
- **Salário:** R$ 4,00 / hora

Demonstrativo de Pagamento

| Descrição | Ref. | Vencimentos | Descontos |
|---|---|---|---|
| Adiantamento salarial | | 352,00 | |

- **Cálculo:** salário contratual (considerando que o trabalhador tenha trabalhado até o final do mês) × 220 horas × 40% = **adiantamento salarial**.

**Cálculo: R$ 4,00 × 220 = R$ 880,00 × 40% = R$ 352,00**

Exemplo 2

- **Folha de Pagamento:** 03/20XX - horista
- **Admissão:** 16.03.20XX (15 dias trabalhados no mês)
- **Salário:** R$ 4,00 / hora

Demonstrativo de Pagamento

| Descrição | Ref. | Vencimentos | Descontos |
|---|---|---|---|
| Adiantamento salarial | | 176,00 | |

- **Cálculo:** salário contratual × 220 / 30 × 15 dias (considerando que o trabalhador tenha trabalhado até o final do mês) × 40% = **adiantamento salarial**.

**Cálculo: R$ 4,00 × 220 = R$ 880,00 / 30 × 15 = R$ 440,00 × 40% = R$ 176,00**

Exemplo 3

- **Folha de Pagamento:** 03/20XX - mensalista
- **Admissão:** 01.03.20XX (30 dias trabalhados no mês)
- **Salário:** R$ 880,00 / mês

**Demonstrativo de Pagamento**

| Descrição | Ref. | Vencimentos | Descontos |
|---|---|---|---|
| Adiantamento salarial | | 352,00 | |

- **Cálculo:** salário contratual (considerando que o trabalhador tenha trabalhado até o final do mês) × 40% = **adiantamento salarial**.

**Cálculo: R$ 880,00 × 40% = R$ 352,00**

Exemplo 4

- **Folha de Pagamento:** 03/20XX - mensalista
- **Admissão:** 16.03.20XX (15 dias trabalhados no mês)
- **Salário:** R$ 880,00 / mês

**Demonstrativo de Pagamento**

| Descrição | Ref. | Vencimentos | Descontos |
|---|---|---|---|
| Adiantamento salarial | | 176,00 | |

- **Cálculo:** salário contratual / 30 × 15 dias (considerando que o trabalhador tenha trabalhado até o final do mês) × 40% = **adiantamento salarial**.

**Cálculo: R$ 880,00 / 30 × 15 = R$ 440,00 × 40% = R$ 176,00**

O Departamento de Pessoal, no decorrer do mês, efetua o apontamento da frequência dos trabalhadores mensalistas e horistas na empresa, e posteriormente lança as informações na Folha de Pagamento para o processamento.

O cálculo do salário mensal do trabalhador é feito com base nos dias do mês de trabalho, ou seja, de referência da Folha de Pagamento.

- **Mensalista:** o valor pago na Folha de Pagamento do mês de referência será o salário integral do mês, ou seja, o salário deve ser informado na sua totalidade, independente se o trabalhador faltar ou atrasar no decorrer do mês, ou para aqueles contratados no decorrer do mês será proporcional à data de início até o término do mês, a título de salário mensal ou outra nomenclatura que a empresa possa utilizar. O salário integral representa a base de cálculo para os descontos de faltas e atrasos e posteriormente, servir de base para os descontos legais (INSS e I.R.R.F).

### Exemplo 1

- **Folha de Pagamento:** 03/20XX
- **Admissão:** 01.02.20XX (30 dias trabalhados no mês)
- **Salário:** R$ 880,00 / mês

**Demonstrativo de Pagamento**

| Descrição | Ref. | Vencimentos | Descontos |
|---|---|---|---|
| Salário mensal | 30 | 880,00 | |

Exemplo 2

- **Folha de Pagamento:** 03/20XX
- **Admissão:** 16.03.20XX (15 dias trabalhados no mês)
- **Salário:** R$ 880,00 / mês

**Demonstrativo de Pagamento**

| Descrição | Ref. | Vencimentos | Descontos |
|---|---|---|---|
| Salário mensal | 15 | 440,00 | |

- **Horista:** o valor pago na Folha de Pagamento do mês de referência será dividido entre **a totalidade das horas trabalhadas** e o **respectivo** Descanso Semanal Remunerado, DSR (domingos e feriados). A totalidade das horas trabalhadas e o respectivo DSR representam a base de cálculo para os descontos de faltas e atrasos e posteriormente, servir de base para os descontos legais (INSS e IRRF).

Os trabalhadores contratados no decorrer do mês terão as horas e DSR proporcionais à data de início até o término do mês, a título de horas trabalhadas e DSR, ou outra nomenclatura que a empresa possa utilizar.

Exemplo 1

- **Folha de Pagamento:** 03/20XX
- **Admissão:** 01.02.20XX (30 dias trabalhados no mês)
- **Salário:** R$ 4,00 / hora (base: 220 horas)

**Demonstrativo de Pagamento**

| Descrição | Ref. | Vencimentos | Descontos |
|---|---|---|---|
| Horas trabalhadas | 188 hs | 752,00 | |
| Descanso Semanal Remunerado | 32 hs | 128,00 | |

Exemplo 2

- **Folha de Pagamento:** 03/20XX
- **Admissão:** 16.03.20XX (15 dias trabalhados no mês)
- **Salário:** R$ 4,00 / hora (base: 220 horas)

Demonstrativo de Pagamento

| Descrição | Ref. | Vencimentos | Descontos |
|---|---|---|---|
| Horas trabalhadas | 94 hs | 376,00 | |
| Descanso Semanal Remunerado | 16 hs | 64,00 | |

Para efeito de cálculo salarial, tanto para o trabalhador mensalista quanto para o horista deve-se considerar o total dos dias ou das horas do mês, ou seja, não deduzir as ausências injustificadas do evento salário, pois essas ausências terão lugar de destaque na coluna de "**Descontos**" que fará a dedução da coluna de "**Proventos/Vencimentos**".

Nos casos das ausências justificadas ou abonadas, a empresa pode optar por destacar na Folha de Pagamento.

## Adicionais

No controle da frequência do trabalhador (cartão de ponto mecânico ou eletrônico), o Departamento de Pessoal aponta os dias e horas adicionais que irão incorporar o salário (horas extras, DSR de horas extras, adicional noturno, insalubridade, periculosidade etc.).

O apontamento será objeto de pagamento na Folha de Pagamento do mês de referência, cada qual com sua nomenclatura própria.

Demonstrativo de Pagamento

**Salário:** R$ 880,00 / mês

| Descrição | Ref. | Vencimentos | Descontos |
|---|---|---|---|
| Horas extras | 5 | 30,00 | |

Salário-base dividido por 220 horas, multiplicado pelo número de horas extras e acrescido de 50% (mínimo previsto pela CLT) = **valor das horas extras**.

**(880,00 / 220 = 4,00 × 5 = 20,00 + 50% = 30,00)**

Demonstrativo de Pagamento

**Salário:** R$ 4,00 / hora

| Descrição | Ref. | Vencimentos | Descontos |
|---|---|---|---|
| Horas extras | 5 | 30,00 | |

Salário-hora multiplicado pelo número de horas extras e acrescido de 50% (mínimo previsto pela CLT) = **valor das horas extras**.

**(4,00 × 5 = 20,00 + 50% = 30,00)**

## DSR de Horas Extras

Calculado sobre as horas extras que integram o Descanso Semanal Remunerado (DSR). A forma de cálculo é a divisão do valor das horas extras pelos dias úteis do mês de referência e multiplicado pelo número de domingos e feriados do mesmo mês.

O resultado será o valor a pagar na Folha de Pagamento.

**Demonstrativo de Pagamento**

**Salário:** R$ 880,00 / mês ou R$ 4,00 / hora

| Descrição | Ref. | Vencimentos | Descontos |
|---|---|---|---|
| Horas extras | 5 | 30,00 | |
| **DSR / horas extras** | | **4,62** | |

Valor das horas extras dividido pelos dias úteis do mês, multiplicado pelo número de domingos e feriados = **valor do DSR / horas extras**.

(30,00 / 26 = 1,15 × 4 = **4,62**) - levando em consideração um mês com 26 dias úteis e 4 dias entre domingos e feriados.

## Adicional Noturno

As horas trabalhadas entre as 22 até 5 horas do dia seguinte são pagas na Folha de Pagamento a título de adicional noturno, seguindo a legislação que determina o acréscimo mínimo de 20% sobre a hora diurna.

**Demonstrativo de Pagamento**

**Salário:** R$ 880,00 / mês

| Descrição | Ref. | Vencimentos | Descontos |
|---|---|---|---|
| Horas extras | 5 | 30,00 | |
| DSR / horas extras | | 4,62 | |
| **Adicional Noturno** | 15 | **12,00** | |

Salário-base dividido por 220 horas, multiplicado pelo número de horas de adicional noturno e calculado 20% (mínimo previsto pela CLT) = **valor do adicional noturno**.

(880,00 / 220 = 4,00 × 15 = 60,00 × 20% = **12,00**)

**Observação** | Paga-se apenas o percentual, pois as horas já estão sendo pagas como salário.

### Demonstrativo de Pagamento

**Salário:** R$ 4,00 / hora

| Descrição | Ref. | Vencimentos | Descontos |
|---|---|---|---|
| Horas extras | 5 | 30,00 | |
| DSR / horas extras | | 4,62 | |
| **Adicional Noturno** | 15 | **12,00** | |

Salário hora multiplicado pelo número de horas de adicional noturno e calculado 20% (mínimo previsto pela CLT) = **valor do adicional noturno**.

(4,00 × 15 = 60,00 × 20% = **12,00**)

**Observação** | Paga-se apenas o percentual, pois as horas já estão sendo pagas como salário.



Em alguns casos, empregadores adotam a iniciativa de pagar o DSR incidente nas horas de adicional noturno do trabalhador. Nestas oportunidades o cálculo se assemelha ao do DSR das horas extraordinárias, ou seja, o valor apurado das horas de adicional noturno em relação aos dias úteis e domingos e feriados, correspondendo como base de cálculo de médias para efeito de férias e 13º salário.

### Demonstrativo de Pagamento

**Salário:** R$ 880,00 / mês

| Descrição | Ref. | Vencimentos | Descontos |
|---|---|---|---|
| Adicional Noturno (20%) | 10 h | 8,00 | |
| **DSR de adicional noturno** | | **1,24** | |

- Valor do adicional noturno dividido pelos dias úteis do mês, multiplicado pelo número de domingos e feriados = valor do **DSR / adicional noturno** = (8,00 / 26 = 0,31 × 4 = 1,24) - levando em consideração um mês com 26 dias úteis e 4 dias entre domingos e feriados.

## Insalubridade

Calculada pelo grau de exposição do trabalhador aos agentes insalubres em relação ao salário mínimo do mês de referência e o valor pago na Folha de Pagamento do mês de referência:

- 10% - grau mínimo
- 20% - grau médio
- 40% - grau máximo

### Periculosidade

Calculada em 30% sobre o salário base do trabalhador que estiver em contato com inflamáveis ou explosivos em condições de risco eminente e o valor pago na Folha de Pagamento do mês de referência.

### Comissões

Normalmente o valor das comissões é calculado pelo Departamento Comercial da empresa e informado ao Departamento de Pessoal para o efetivo pagamento na Folha de Pagamento do mês de referência.

### Gratificações/Prêmios e Outros Adicionais

Os valores são normalmente determinados pelo empregador ou por alguma cláusula do acordo coletivo da categoria profissional e depois inclusos na Folha de Pagamento, com a nomenclatura determinada pela empresa.

### Salário-Família

Segundo a legislação em vigor do Ministério da Previdência e Assistência Social (MPAS), o salário-família é pago por filho ou equiparado de qualquer condição, até 14 anos incompletos, mensalmente ao trabalhador, exceto ao trabalhador doméstico e ao avulso.

O valor pago na Folha de Pagamento é estipulado em relação ao salário ou rendimento do trabalhador, que terá tantas cotas quantos filhos tiver.

A estrutura da tabela é a seguinte:

| Rendimento no Mês | R$ |
|---|---|
| até R$ xxx,xx | XX,XX |
| de R$ xxx,xx a R$ xxx,xx | XX,XX |
| acima de R$ xxx,xx | extinto |

## 13º Salário

### Cálculo da Primeira Parcela do 13º Salário

Até o dia 30 de novembro[4], o Departamento de Pessoal deve pagar na Folha de Pagamento o valor correspondente a 50% do salário-base do trabalhador, a título de primeira parcela do 13º salário.

**Demonstrativo de Pagamento**

**Salário:** R$ 880,00 / mês

| Descrição | Ref. | Vencimentos | Descontos |
|---|---|---|---|
| 1ª parcela do 13º salário | | 440,00 | |

- **Cálculo:** 880,00 × 50% = **R$ 440,00**

  Considerando que o trabalhador tenha trabalhado desde o primeiro dia útil do ano.

No caso de o trabalhador ter sido contratado no decorrer do ano, o valor será proporcional aos meses trabalhados.

4 Prazo máximo permitido pela legislação para o pagamento da primeira parcela do 13º salário.

Demonstrativo de Pagamento

**Salário:** R$ 880,00 / mês

**Admissão:** 10/03/20XX

| Descrição | Ref. | Vencimentos | Descontos |
|---|---|---|---|
| 1ª parcela do 13º salário | | 366,67 | |

- **Cálculo:** 880,00 / 12 × 10 meses de direito= 733,33 × 50% = **R$ 366,67**

Quando o trabalhador recebe o adiantamento da primeira parcela do 13º salário antes de 30 de novembro (férias ou outro meio), o valor correspondente é lançado na Folha de Pagamento no mês do recebimento. Consequentemente, o trabalhador não terá direito a receber no dia 30 de novembro, a não ser que tenha ocorrido uma atualização salarial entre a data do recebimento antecipado e a do efetivo pagamento legal.

Se ocorrer este fato, o trabalhador receberá o valor proporcional à diferença do salário, na base de 50%.

Demonstrativo de Pagamento

**Salário:** R$ 880,00 / mês

**Férias**: 10.03.20XX

| Descrição | Ref. | Vencimentos | Descontos |
|---|---|---|---|
| Antecipação 1ª parcela 13º salário | | 440,00 | |

**30 de novembro**

**Salário atualizado:** R$ 1.000,00 / mês

| Descrição | Ref. | Vencimentos | Descontos |
|---|---|---|---|
| 1ª parcela do 13º salário | | 500,00 | |
| Antecipação 1ª parcela 13º salário | | | 440,00 |

- **Cálculo:** 1.000,00 × 50% = R$ 500,00 – R$ 440,00 (já recebido) = **R$ 60,00** a receber nas férias

### Cálculo da Segunda Parcela do 13º Salário

Até o dia 20 de dezembro[5], o Departamento de Pessoal deve pagar na Folha de Pagamento o valor correspondente aos 50% restantes do salário-base do trabalhador a título de 13º salário, deduzindo a primeira parcela na coluna de descontos.

**Demonstrativo de Pagamento**

**Salário:** R$ 880,00 / mês

| Descrição | Ref. | Vencimentos | Descontos |
|---|---|---|---|
| **13º salário** | | **880,00** | |
| 1ª parcela do 13º salário | | | 440,00 |

- Considerando que o trabalhador tenha trabalhado desde o primeiro dia útil do ano.

No caso de o trabalhador ter sido contratado no decorrer do ano, o valor será proporcional aos meses trabalhados.

**Demonstrativo de Pagamento**

**Salário:** R$ 880,00 / mês

**Admissão:** 10.03.20XX

| Descrição | Ref. | Vencimentos | Descontos |
|---|---|---|---|
| **13º salário** | | **733,33** | |
| 1ª parcela do 13º salário | | | 366,67 |

- **Cálculo:** 880,00 / 12 × 10 meses de direito = **733,33**

[5] Prazo máximo permitido pela legislação para o pagamento da segunda parcela do 13º salário.

Empresas que praticam concessão de empréstimos aos trabalhadores, normalmente estabelecem procedimentos formais ou regras para análise do crédito.

Para facilitar o controle da emissão dos créditos, o empregador estipula o momento em que o trabalhador receberá, seja por meio do demonstrativo de pagamento mensal, seja por meio de crédito em conta-corrente fora da data de pagamento da Folha de Pagamento.

Numa situação imediata, o trabalhador assina a autorização de desconto do empréstimo na sua Folha de Pagamento, conforme acordado com o empregador.

Caso seja por meio do demonstrativo de pagamento mensal, o Departamento de Pessoal inclui na sua rotina de processamento da Folha de Pagamento, a informação "Empréstimo" para o respectivo trabalhador na coluna de vencimentos.

# Descontos Salariais

Art. 462. Ao empregador é vedado efetuar qualquer desconto nos salários do empregado, salvo quando este resultar de adiantamentos de dispositivos de lei ou de contrato coletivo.

§ 1º Em caso de dano causado pelo empregado, o desconto será lícito, desde que esta possibilidade tenha sido acordada ou na ocorrência de dolo do empregado.

Art. 7º São direitos dos trabalhadores... além de outros... X - proteção do salário na forma da lei, constituindo crime sua retenção dolosa.

*"A compensação de débitos contraídos pelo empregado tem apoio em lei. A lei contém exceções expressas à garantia salarial: a) adiantamentos: em princípio perdem tal caráter no que superam o valor mensal da remuneração... b) contribuições previdenciárias (devidas pelo empregado, mas recolhidas pelo empregador), contribuição sindical (Art. 578), condenação em ação de alimentos, imposto de renda (desconto na fonte), compensação por falta de aviso prévio; c) mediante requisição do INSS, a empresa fica obrigada a descontar..."* (CARRION, p. 310, 2000).

São as parcelas legais devidas aos órgãos da Previdência Social e da Receita Federal, além das parcelas autorizadas pelo trabalhador no decorrer do seu Contrato Individual de Trabalho:

- INSS;
- Imposto de Renda Retido na Fonte;
- Adiantamento salarial;
- Faltas e atrasos;
- Descanso Semanal Remunerado (DSR);
- Contribuição sindical;
- Vale-transporte;
- Empréstimo;
- Outros descontos autorizados (seguro de vida, refeição, plano de assistência médica, previdência privada, mensalidade sindical, cesta básica, vale-compra, plano odontológico etc.).

## Adiantamento Salarial

O adiantamento salarial pago pelo empregador é compensado na Folha de Pagamento do mês de referência junto com as demais verbas de desconto, ou seja, nesse momento o adiantamento salarial se transforma numa verba de desconto.

Demonstrativo de Pagamento

| Descrição | Ref. | Vencimentos | Descontos |
|---|---|---|---|
| Adiantamento salarial | | | 352,00 |

## Faltas e Atrasos

No apontamento da jornada de trabalho do mês, o Departamento de Pessoal apura os dias e atrasos do trabalhador, que imediatamente lança na Folha de Pagamento.

Os valores das faltas e dos atrasos são deduzidos da remuneração bruta do trabalhador, e o resultado será a remuneração líquida, base de cálculo para o desconto do INSS, para a tributação do Imposto de Renda Retido na Fonte e para o recolhimento do FGTS.

Demonstrativo de Pagamento

**Salário:** R$ 880,00 / mês

| Descrição | Ref. | Vencimentos | Descontos |
|---|---|---|---|
| Faltas | 2 dias | | 58,66 |
| Atrasos | 16 horas | | 64,00 |

### Mensalista

- **Faltas:** salário mensal / por 30 dias = salário-dia × número de dias de faltas = 880,00 / 30 = 29,33 × 2 = R$ 58,66
- **Atrasos:** salário mensal / por 220h = salário-hora × número de horas de atraso = 880,00 / 220 = 4,00 × 16 = R$ 64,00

Demonstrativo de Pagamento

**Salário:** R$ 10,00 / hora

| Descrição | Ref. | Vencimentos | Descontos |
|---|---|---|---|
| Faltas | 1 dia* | | 80,00 |
| Atrasos | 6 horas | | 60,00 |

* Considerando que um dia de trabalho representa um total de oito horas.

Horista

- **Faltas:** salário-hora × número de horas do dia = salário-dia = 10,00 × 8 = R$ 80,00
- **Atrasos:** salário-hora × número de horas de atraso = 10,00 × 6 = R$ 60,00

## INSS

O Instituto Nacional do Seguro Social é um órgão do Ministério da Previdência e Assistência Social (MPAS), que regulamenta o recolhimento obrigatório para este instituto, das parcelas de contribuição referente aos rendimentos mensais dos trabalhadores.

Somente o trabalhador assalariado, ou seja, aquele que é contratado mediante trabalho e salário, sofrerá o desconto em sua Folha de Pagamento mensal.

O Ministério da Previdência e Assistência Social divulga, nos veículos de comunicação de massa, a tabela progressiva com faixas de desconto referente ao salário de contribuição[6] do trabalhador.

A estrutura da tabela é a seguinte:

| Salário de Contribuição (R$) | % de Desconto |
|---|---|
| até R$ xxxxxx | 8% |
| de R$ xxxxxx a R$ xxxxx | 9% |
| de R$ xxxxxx a R$ xxxxx | 11% |

O trabalhador que receber uma remuneração superior ao teto máximo[7] somente será descontado pelo valor máximo de 11% da tabela (fixo).

---

6 Verbas salariais do trabalhador, que incidem para o desconto do INSS (salário e adicionais).

7 Última faixa do Salário de Contribuição.

## INSS sobre Férias

O valor apurado no cálculo da remuneração, 1/3 constitucional das férias (descanso) e respectivos adicionais seguem o mesmo critério para o desconto do INSS, ou seja, o valor apurado é aplicado à tabela do INSS.

Não estão inseridos neste critério os valores de abono pecuniário, 1/3 constitucional e seus adicionais.

## INSS sobre o 13º Salário

O desconto do INSS sobre o 13º salário somente será feito no pagamento final (20 de dezembro), em separado da remuneração do mês, ou seja, cada verba terá o seu desconto separado.

O Departamento de Pessoal deve ter extrema atenção na conferência do processamento do desconto do INSS, pois em caso de inconsistência, ou seja, erro no desconto, somente poderá fazer a correção no máximo antes do recolhimento ao INSS.

**Demonstrativo de Pagamento[8]**

| Descrição | Ref. | Vencimentos | Descontos |
|---|---|---|---|
| Salário do mês | 30 dias | 880,00 | |
| Horas extras (50%) | 10 horas | 60,00 | |
| 13º salário | | 880,00 | |
| INSS sobre salário (8%) | | | 75,20 |
| INSS sobre 13º salário (8%) | | | 70,40 |

O cálculo é feito na remuneração integral (com a média dos adicionais) e aplicado à tabela do INSS.

[8] Tabela do INSS vigente a partir de 01/02/2009.

## Recolhimento do INSS (GPS)

O Instituto Nacional do Seguro Social através da Resolução nº 657/98 institui a Guia da Previdência Social (GPS), documento de arrecadação que pode ser adquirido no comércio ou elaborado pela própria empresa, seguindo as especificações da resolução.

O recolhimento do valor descontado dos trabalhadores assalariados é feito em data determinada pelo Ministério da Previdência e Assistência Social (MPAS).

Caso o recolhimento do INSS tenha sido efetuado com inconsistência, o Departamento de Pessoal deverá informar a Previdência e somente com a sua autorização formal poderá regularizar a situação.

**Modelo**

### Guia da Previdência Social - GPS

| | | | |
|---|---|---|---|
| PREVIDÊNCIA SOCIAL<br>MINISTÉRIO DA PREVIDÊNCIA SOCIAL - MPS<br>INSTITUTO NACIONAL DO SEGURO SOCIAL - INSS<br>SECRETARIA DA RECEITA PREVIDENCIÁRIA - SRP<br>**GUIA DA PREVIDÊNCIA SOCIAL - GPS** | | 3 - CÓDIGO DE PAGAMENTO | |
| | | 4 - COMPETÊNCIA | |
| | | 5 - IDENTIFICADOR | |
| 1 - NOME OU RAZÃO SOCIAL / FONE / ENDEREÇO | | 6 - VALOR DO INSS | |
| | | 7 - | |
| cep | | 8 - | |
| 2 - VENCIMENTO<br>(Uso exclusivo INSS) | | 9 - VALOR OUTRAS ENTIDADES | |
| **ATENÇÃO:** É vedada a utilização de GPS para recolhimento de receita de valor inferior ao estipulado em resolução publicada pelo INSS. A receita que resultar valor inferior deverá ser adicionada à contribuição ou importância correspondente nos meses subsequentes, até que o total seja igual ou superior ao valor mínimo fixado. | | 10 - ATM/MULTA E JUROS | |
| | | 11 - TOTAL | |
| 12 - AUTENTICAÇÃO BANCÁRIA | | | |

1ªVia-INSS -2ªVia CONTRIBUINTE

## Imposto de Renda Retido na Fonte

A Secretaria da Receita Federal é um órgão do Ministério da Fazenda que regulamenta o recolhimento obrigatório para este órgão, das parcelas tributáveis, referente aos rendimentos mensais dos trabalhadores.

Somente o trabalhador assalariado, ou seja, aquele que é contratado mediante trabalho e salário, sofrerá o desconto em sua Folha de Pagamento mensal.

O Ministério da Fazenda divulga nos veículos de comunicação de massa a tabela progressiva com faixas de rendimento líquido, alíquota e parcela a deduzir dos rendimentos brutos do trabalhador.

A estrutura da tabela é a seguinte:

| Faixa de Rendimento Líquido (R$) | Alíquota (%) | Parcela a Deduzir (R$) |
|---|---|---|
| até R$ xxx,xx | Isento | - |
| de R$ xxxx,xx a R$ xxxx,xx | 7,5% | **R$** xxxx,xx |
| de R$ xxxx,xx a R$ xxxx,xx | 15% | **R$** xxxx,xx |
| de R$ xxxx,xx a R$ xxxx,xx | 22,5% | **R$** xxxx,xx |
| acima de R$ xxxx,xx | 27,5% | **R$** xxxx,xx |

**Deduções**

**a)** R$ xxx,xx por dependente;

**b)** Pensão alimentícia judicial;

**c)** Valor da contribuição paga, no mês, à Previdência Social (INSS).

- **Rendimento bruto:** é a soma dos valores salariais que incidem para o Imposto de Renda.
- **Deduções:** parcelas dedutíveis do rendimento bruto.
- **Rendimento líquido:** rendimento bruto subtraído das deduções permitidas.
- **Alíquota:** percentual aplicado sobre o rendimento líquido.
- **Parcela a deduzir:** além das deduções permitidas pela Secretaria da Receita Federal, deduz-se mais uma parcela conforme a alíquota, resultando no **Imposto de Renda líquido devido**.

## Imposto de Renda Retido na Fonte sobre Férias

O valor apurado no cálculo da remuneração das férias (incluindo o abono pecuniário, quando houver), 1/3 constitucional e respectivos adicionais seguem o mesmo critério para o desconto do Imposto de Renda Retido na Fonte, ou seja, segue o mesmo cálculo de apuração dos rendimentos bruto e líquido e aplicado à tabela para o imposto líquido devido.

O cálculo para a apuração do valor do imposto líquido devido é feito em separado da remuneração do mês, ou seja, cada verba terá o seu desconto separado.

**Demonstrativo de Pagamento**

| Descrição | Ref. | Vencimentos | Descontos |
|---|---|---|---|
| Imposto de Renda sobre salário | | | XXX,XX |
| Imposto de Renda sobre férias | | | XXX,XX |



## Imposto de Renda Retido na Fonte sobre o 13º Salário

O desconto do Imposto de Renda sobre o 13º salário somente será feito no pagamento final (20 de dezembro), em separado da remuneração do mês, ou seja, cada verba terá o seu desconto separado.

**Demonstrativo de Pagamento**

| Descrição | Ref. | Vencimentos | Descontos |
|---|---|---|---|
| Imposto de Renda sobre salário | | | XXX,XX |
| Imposto de Renda sobre 13º salário | | | XXX,XX |

O cálculo é feito na remuneração integral (com a média dos adicionais) e aplicado à tabela do Imposto de Renda Retido na Fonte.

## Recolhimento do Imposto de Renda Retido na Fonte (DARF)

A Secretaria da Receita Federal instituiu o Documento de Arrecadação de Receitas Federais (DARF), o qual pode ser adquirido no comércio ou elaborado pela própria empresa, seguindo as especificações da Receita Federal.

**Modelo**

**Documento de Arrecadação de Receitas Federais**

| | | |
|---|---|---|
| **MINISTÉRIO DA FAZENDA**<br>**SECRETARIA DA RECEITA FEDERAL**<br>**Documento de Arrecadação de Receitas Federais**<br>**DARF** | 02 PERÍODO DE APURAÇÃO → | |
| | 03 NÚMERO DO CPF OU CGC → | |
| | 04 CÓDIGO DA RECEITA → | |
| | 05 NÚMERO DE REFERÊNCIA → | |
| 01 NOME / TELEFONE | 06 DATA DE VENCIMENTO → | |
| **Veja no verso instruções para preenchimento** | 07 VALOR DO PRINCIPAL → | |
| | 08 VALOR DA MULTA → | |
| **ATENÇÃO**<br>É vedado o recolhimento de tributos e contribuições administrados pela Secretaria da Receita Federal cujo valor total seja inferior a R$ 10,00. Ocorrendo tal situação, adicione esse valor ao tributo/contribuição de mesmo código de períodos subsequentes, até que o total seja igual ou superior a R$ 10,00. | 09 VALOR DOS JUROS E / OU ENCARGOS DL - 1.025/69 → | |
| | 10 VALOR TOTAL → | |
| | 11 AUTENTICAÇÃO BANCÁRIA (Somente nas 1ª e 2ª vias) | |

Aprovado pela IN/SRF nº 81/96

O recolhimento do valor descontado dos trabalhadores assalariados é feito até o primeiro decêndio do mês subsequente ao fato gerador[9] do imposto devido.

## Contribuição Sindical

Conforme o Art. 582 da CLT, o empregador deve descontar da Folha de Pagamento de março de cada ano, um dia de salário de todos os trabalhadores assalariados (1/30), a título de contribuição sindical, ou seja, um dia de cada trabalhador.

O valor descontado na Folha de Pagamento é recolhido no mês de abril a favor do sindicato da categoria profissional dos trabalhadores.

No caso do trabalhador que é contratado, o Departamento de Pessoal verifica se a carteira de trabalho apresenta anotação de desconto

9 Significa 10 (dez) dias após o dia do efetivo pagamento.

da contribuição sindical. Caso conste, não haverá o desconto no ano de referência; caso contrário, deverá efetuar o desconto no mês seguinte ao da contratação.

Os profissionais liberais devem optar por contribuir com o órgão da sua classe profissional, devendo declarar essa opção no Departamento de Pessoal e entregar o respectivo comprovante de pagamento (por exemplo: o administrador de empresas pode recolher para o Conselho Regional de Administração etc.).

| Salário Contratual | Contribuição Sindical |
|---|---|
| a) 1.200,00 / mês | 40,00 |
| b) 6,00 / hora | 44,00 |

**a)** salário-mês / 30 dias = salário-dia (1.200,00 / 30 = 40,00)

**b)** salário-hora × 220h / 30 dias = salário-dia (6,00 × 220 = 1.320,00 / 30 = 44,00)

**Demonstrativo de Pagamento - Mensalista**

| Descrição | Ref. | Vencimentos | Descontos |
|---|---|---|---|
| Contribuição Sindical | 1/30 | | 40,00 |

**Demonstrativo de Pagamento - Horista**

| Descrição | Ref. | Vencimentos | Descontos |
|---|---|---|---|
| Contribuição Sindical | 1/30 | | 44,00 |

Outros tipos de contribuições sindicais:

- **Contribuição Assistencial e Confederativa:** valor decidido em negociação coletiva entre empregadores e trabalhadores e descontado na Folha de Pagamento. Caso o trabalhador não concorde com o desconto, pode expressar sua vontade no sindicato da categoria.

- **Mensalidade Sindical:** valor determinado para os trabalhadores associados ao sindicato da categoria profissional, descontado na Folha de Pagamento, com sua autorização prévia.

## Vale-Transporte

O valor custeado pelo empregado equivalente a 6% (seis por cento) do seu salário-base ou o valor das respectivas viagens (o que for menor) é descontado na Folha de Pagamento do mês de referência.

| Salário Contratual | % | Viagens recebidas | Desconto |
|---|---|---|---|
| 1.000,00 | 6 | 70,00 | **60,00** |
| 800,00 | 6 | 30,00 | **30,00** |

**Demonstrativo de Pagamento**

| Descrição | Ref. | Vencimentos | Descontos |
|---|---|---|---|
| Vale-transporte | | | XXX,XX |

## Empréstimo

Neste momento o Departamento de Pessoal compensa o valor que o trabalhador negociou com o empregador, na Folha de Pagamento. Da mesma forma que o adiantamento salarial, o empréstimo se transforma numa verba de desconto.

## Outros Descontos Autorizados

Os demais descontos autorizados seguem os critérios estabelecidos entre o empregador e o trabalhador, por meio de documento, devendo ser lançados na Folha de Pagamento do mês da efetiva utilização do benefício.

# Fundo de Garantia do Tempo de Serviço (FGTS)

Após a finalização dos lançamentos de todas as verbas de vencimentos e de descontos na Folha de Pagamento, é apurado o valor das verbas que integram a remuneração do trabalhador (base de cálculo).

Feito isso, é calculado 8% (oito por cento) desse resultado (FGTS do mês), que deve ser depositado na conta vinculada do trabalhador, no prazo determinado.

O depósito pode ser feito pelo convênio com a Caixa Econômica Federal (Conectividade Social), ou por meio de formulário pré-emitido fornecido pela própria Caixa Econômica Federal.

# Demonstrativo de Pagamento

Finalizado o processamento da Folha de Pagamento, é elaborado um demonstrativo de pagamento mensal, que contempla ainda:

- Total de vencimentos;
- Total de descontos;
- Líquido a receber;
- Salário-base;
- Salário de contribuição;
- Base de cálculo do FGTS;
- FGTS do mês; e
- Base de cálculo do Imposto de Renda Retido na Fonte.

## Total de Vencimentos

O somatório de todos os valores pertencentes à coluna de vencimentos é conhecido também como total bruto da Folha de Pagamento.

### Demonstrativo de Pagamento

| Descrição | Ref. | Vencimentos | Descontos |
|---|---|---|---|
| | | | |
| | | Total de Vencimentos X.XXX,XX | |

## Total de Descontos

O somatório de todos os valores pertencentes à coluna de descontos.

### Demonstrativo de Pagamento

| Descrição | Ref. | Vencimentos | Descontos |
|---|---|---|---|
| | | | |
| | | | Total de Descontos XXX,XX |

## Líquido a Receber

É o somatório dos proventos / vencimentos subtraído do Total de Descontos, resultando no líquido que o trabalhador terá para receber referente ao mês trabalhado.

### Demonstrativo de Pagamento

| Descrição | Ref. | Vencimentos | Descontos |
|---|---|---|---|
| | | | |
| | | Total de Vencimentos<br>X.XXX,XX | Total de Descontos<br>XXX,XX |
| | | Líquido a receber ►► | XXX,XX |



## Salário-Base

É o valor do salário mensal ou por hora do trabalhador no mês de referência.

### Demonstrativo de Pagamento

| Descrição | Ref. | Vencimentos | Descontos |
|---|---|---|---|
| | | | |
| | | Total de Vencimentos<br>X.XXX,XX | Total de Descontos<br>XXX,XX |
| | | Líquido a receber ►► | XXX,XX |

| Salário-Base<br>X.XXX,XX | | | | |
|---|---|---|---|---|

## Salário de Contribuição (INSS)

O somatório das verbas que integram a remuneração do trabalhador e que incidem para o cálculo do desconto do INSS.

**Demonstrativo de Pagamento**

| Descrição | Ref. | Vencimentos | Descontos |
|---|---|---|---|
| | | | |
| | | Total de Vencimentos<br>X.XXX,XX | Total de Descontos<br>XXX,XX |
| | | Líquido a receber ►► | XXX,XX |

| Salário-Base | Sal. Contribuição | | | |
|---|---|---|---|---|
| X.XXX,XX | X.XXX,XX | | | |

## Base de Cálculo do FGTS

O somatório das verbas que integram a remuneração do trabalhador e que servem de base para o cálculo dos 8% (oito por cento) do FGTS, que o empregador terá de depositar na conta vinculada do trabalhador.

**Demonstrativo de Pagamento**

| Descrição | Ref. | Vencimentos | Descontos |
|---|---|---|---|
| | | | |
| | | Total de Vencimentos<br>X.XXX,XX | Total de Descontos<br>XXX,XX |
| | | Líquido a receber ►► | XXX,XX |

| Salário-Base | Sal. Contribuição | Base Calc. FGTS | | |
|---|---|---|---|---|
| X.XXX,XX | X.XXX,XX | X.XXX,XX | | |

## FGTS do Mês

O resultado do cálculo dos 8% (oito por cento) que o empregador terá que depositar na conta vinculada do trabalhador.

### Demonstrativo de Pagamento

| Descrição | Ref. | Vencimentos | Descontos |
|---|---|---|---|
| | | | |
| | | Total de Vencimentos X.XXX,XX | Total de Descontos XXX,XX |
| | | Líquido a receber ►► | XXX,XX |

| Salário-Base | Sal. Contribuição | Base Calc. FGTS | FGTS do mês | |
|---|---|---|---|---|
| X.XXX,XX | X.XXX,XX | X.XXX,XX | XXX,XX | |



## Base de Cálculo do Imposto de Renda Retido na Fonte

A soma das verbas que integram a remuneração do trabalhador e serve de base para o cálculo do Imposto de Renda Retido na Fonte devido.

### Demonstrativo de Pagamento

| Descrição | Ref. | Vencimentos | Descontos |
|---|---|---|---|
| | | | |
| | | Total de Vencimentos X.XXX,XX | Total de Descontos XXX,XX |
| | | Líquido a receber ►► | XXX,XX |

| Salário-Base | Sal. Contribuição | Base Calc. FGTS | FGTS do mês | Base Calc. IRRF |
|---|---|---|---|---|
| X.XXX,XX | X.XXX,XX | X.XXX,XX | XXX,XX | XXX,XX |

### Demonstrativo de Pagamento

| Nome da Empresa: | | | | |
|---|---|---|---|---|
| Endereço: | | CNPJ: | Mês: ___/___ | |
| Código | Nome do Funcionário | Cargo | Local | Depto. Setor Seção |

| Descrição | Ref. | Vencimentos | Descontos |
|---|---|---|---|
| | | | |
| | | Total de Vencimentos X.XXX,XX | Total de Descontos XXX,XX |
| | | Líquido a receber ►► | XXX,XX |

| Salário-Base | Sal. Contribuição | Base Calc. FGTS | FGTS do mês | Base Calc. IRRF |
|---|---|---|---|---|
| X.XXX,XX | X.XXX,XX | X.XXX,XX | XXX,XX | XXX,XX |

## Exemplo[10]

### Demonstrativo de Pagamento

Nome da Empresa: *Empresa Exemplo DP Ltda.*
Endereço: *Rua dos Livros, 1234* CNPJ: *99.999.999/0001-99* Mês: *05/2010*

| Código | Nome do Funcionário | Cargo | Local | Depto. | Setor | Seção |
|---|---|---|---|---|---|---|
| *10125* | *José João da Silva* | *Auxiliar Administrativo* | *Matriz* | *10* | *05* | *115* |

| Descrição | Ref. | Vencimentos | Descontos |
|---|---|---|---|
| Salário do mês | 30 dias | 880,00 | |
| Horas extras (50%) | 10 horas | 60,00 | |
| DSR de HE * | | 15,00 | |
| Adicional Noturno (20%) | 5 horas | 4,00 | |
| Faltas | 1 dia | | 29,33 |
| Atrasos | 5 horas | | 20,00 |
| Adiantamento Salarial (40%) | | | 352,00 |
| INSS sobre Salário (8%) | | | 72,77 |
| | | **Total de Vencimentos** **959,00** | **Total de Descontos** **474,10** |
| | | **Líquido a receber ►►** | **484,90** |

| Salário-Base | Sal. Contribuição | Base Calc. FGTS | FGTS do mês | Base Calc. IRRF |
|---|---|---|---|---|
| 880,00 | 909,67 | 909,67 | 72,77 | XXX,XX |

* Considerando um mês com 24 dias úteis e seis dias (domingos e feriados)

[10] Tabela do INSS vigente a partir de 02/2009 e Tabela do IRRF vigente a partir de 01/2009.

# Exercícios

1. Qual é o prazo legal para o empregador pagar a Folha de Pagamento dos trabalhadores assalariados, sob o regime da Consolidação das Leis do Trabalho (CLT)?

________________________________________

________________________________________

________________________________________

2. Calcular e lançar nos demonstrativos o pagamento de adiantamento salarial com base em 40% dos seguintes salários:

**Demonstrativo de Pagamento**

| Descrição | Ref. | Vencimentos | Descontos |
|---|---|---|---|
| Adiantamento Salarial | | | |
| Salário-base: R$ 770,00/mês | | | |

**Demonstrativo de Pagamento**

| Descrição | Ref. | Vencimentos | Descontos |
|---|---|---|---|
| Adiantamento Salarial | | | |
| Salário-base: R$ 990,00/mês | | | |

**Demonstrativo de Pagamento**

| Descrição | Ref. | Vencimentos | Descontos |
|---|---|---|---|
| Adiantamento Salarial | | | |
| Salário-base: R$ 5,60/hora (base 220h) | | | |

3. Calcule e lance nos demonstrativos o pagamento do valor das horas extras com base em 50%, visto que a quantidade de horas está discriminada na coluna "Ref".

Demonstrativo de Pagamento

| Descrição | Ref. | Vencimentos | Descontos |
|---|---|---|---|
| Horas extras | 20 | | |
| Salário-base: R$ 770,00/mês | | | |

Demonstrativo de Pagamento

| Descrição | Ref. | Vencimentos | Descontos |
|---|---|---|---|
| Horas extras | 30 | | |
| Salário-base: R$ 990,00/mês | | | |

Demonstrativo de Pagamento

| Descrição | Ref. | Vencimentos | Descontos |
|---|---|---|---|
| Horas extras | 18 | | |
| Salário-base: R$ 5,60/hora (base 220h) | | | |

**4.** Calcule e lance nos demonstrativos o pagamento do DSR das horas extras do exercício nº 3, levando em consideração o mês com:

- 24 dias úteis
- 6 dias (domingos e feriados)

Demonstrativo de Pagamento

| Descrição | Ref. | Vencimentos | Descontos |
|---|---|---|---|
| DSR / horas extras | | | |
| Salário-base: R$ 770,00/mês | | | |

Demonstrativo de Pagamento

| Descrição | Ref. | Vencimentos | Descontos |
|---|---|---|---|
| DSR / horas extras | | | |
| Salário-base: R$ 990,00/mês | | | |

### Demonstrativo de Pagamento

| Descrição | Ref. | Vencimentos | Descontos |
|---|---|---|---|
| DSR / horas extras | | | |
| Salário-base: R$ 5,60/hora (base 220h) | | | |

5. Calcular e lançar nos demonstrativos o pagamento do adicional noturno com base em 20%, dos salários:

### Demonstrativo de Pagamento

| Descrição | Ref. | Vencimentos | Descontos |
|---|---|---|---|
| Adicional noturno | 6 | | |
| Salário-base: R$ 770,00/mês | | | |

### Demonstrativo de Pagamento

| Descrição | Ref. | Vencimentos | Descontos |
|---|---|---|---|
| Adicional noturno | 12 | | |
| Salário-base: R$ 990,00/mês | | | |

### Demonstrativo de Pagamento

| Descrição | Ref. | Vencimentos | Descontos |
|---|---|---|---|
| Adicional noturno | 16 | | |
| Salário-base: R$ 5,60/hora (base 220h) | | | |

6. Calcular e lançar nos demonstrativos o pagamento da primeira parcela do 13º salário no dia 30 de novembro, levando em consideração que o trabalhador tenha trabalhado desde o primeiro dia útil do ano.

**Demonstrativo de Pagamento**

| Descrição | Ref. | Vencimentos | Descontos |
|---|---|---|---|
| 1ª parcela de 13º salário | | | |
| Salário-base: R$ 770,00/mês | | | |

**Demonstrativo de Pagamento**

| Descrição | Ref. | Vencimentos | Descontos |
|---|---|---|---|
| 1ª parcela de 13º salário | | | |
| Salário-base: R$ 990,00/mês | | | |

**Demonstrativo de Pagamento**

| Descrição | Ref. | Vencimentos | Descontos |
|---|---|---|---|
| 1ª parcela de 13º salário | | | |
| Salário-base: R$ 5,60/hora (base 220h) | | | |

7. Calcular e lançar nos demonstrativos o pagamento da primeira parcela do 13º salário no dia 30 de novembro, levando em consideração as admissões no decorrer do ano.

**Demonstrativo de Pagamento**

**Admissão:** 16 de março

| Descrição | Ref. | Vencimentos | Descontos |
|---|---|---|---|
| 1ª parcela de 13º salário | | | |
| Salário-base: R$ 770,00/mês | | | |

Demonstrativo de Pagamento

**Admissão:** 15 de junho

| Descrição | Ref. | Vencimentos | Descontos |
|---|---|---|---|
| 1ª parcela de 13º salário | | | |
| Salário-base: R$ 990,00/mês | | | |

Demonstrativo de Pagamento

**Admissão:** 16 de novembro

| Descrição | Ref. | Vencimentos | Descontos |
|---|---|---|---|
| 1ª parcela de 13º salário | | | |
| Salário-base: R$ 5,60/hora (base 220h) | | | |

8. Calcular e lançar nos demonstrativos o pagamento da primeira parcela do 13º salário no dia 30 de novembro, levando em consideração que o trabalhador tenha recebido uma antecipação da primeira parcela nas férias.

Demonstrativo de Pagamento

| Descrição | Ref. | Vencimentos | Descontos |
|---|---|---|---|
| 1ª parcela de 13º salário<br>Antecipação da 1ª parc. 13º | | | 225,00 |
| Salário-base: R$ 770,00/mês | | | |

Demonstrativo de Pagamento

| Descrição | Ref. | Vencimentos | Descontos |
|---|---|---|---|
| 1ª parcela de 13º salário<br>Antecipação da 1ª parc. 13º | | | 400,00 |
| Salário-base: R$ 990,00/mês | | | |

### Demonstrativo de Pagamento

| Descrição | Ref. | Vencimentos | Descontos |
|---|---|---|---|
| 1ª parcela de 13º salário<br>Antecipação da 1ª parc. 13º | | | 580,00 |
| Salário-base: R$ 5,60/hora (base 220h) | | | |

**9.** Calcular e lançar nos demonstrativos o pagamento da segunda parcela do 13º salário no dia 20 de dezembro, levando em consideração que o trabalhador tenha trabalhado desde o primeiro dia útil do ano.

### Demonstrativo de Pagamento

| Descrição | Ref. | Vencimentos | Descontos |
|---|---|---|---|
| 2ª parcela de 13º salário | | | |
| Salário-base: R$ 770,00/mês | | | |

### Demonstrativo de Pagamento

| Descrição | Ref. | Vencimentos | Descontos |
|---|---|---|---|
| 2ª parcela de 13º salário | | | |
| Salário-base: R$ 990,00/mês | | | |

### Demonstrativo de Pagamento

| Descrição | Ref. | Vencimentos | Descontos |
|---|---|---|---|
| 2ª parcela de 13º salário | | | |
| Salário-base: R$ 5,60/hora (base 220h) | | | |

10. Calcular e lançar nos demonstrativos o pagamento da segunda parcela do 13º salário no dia 20 de dezembro, levando em consideração as admissões no decorrer do ano.

**Demonstrativo de Pagamento**

**Admissão:** 16 de março

| Descrição | Ref. | Vencimentos | Descontos |
|---|---|---|---|
| 2ª parcela de 13º salário | | | |
| Salário-base: R$ 770,00/mês | | | |

**Demonstrativo de Pagamento**

**Admissão:** 15 de junho

| Descrição | Ref. | Vencimentos | Descontos |
|---|---|---|---|
| 2ª parcela de 13º salário | | | |
| Salário-base: R$ 990,00/mês | | | |

**Demonstrativo de Pagamento**

**Admissão:** 16 de novembro

| Descrição | Ref. | Vencimentos | Descontos |
|---|---|---|---|
| 2ª parcela de 13º salário | | | |
| Salário-base: R$ 5,60/hora (base 220h) | | | |

11. Calcular e lançar nos demonstrativos o desconto das faltas e atrasos dos trabalhadores.

**Demonstrativo de Pagamento**

| Descrição | Ref. | Vencimentos | Descontos |
|---|---|---|---|
| Faltas<br>Atrasos | 1 dia<br>3 horas | | |
| Salário-base: R$ 770,00/mês | | | |

Demonstrativo de Pagamento

| Descrição | Ref. | Vencimentos | Descontos |
|---|---|---|---|
| Faltas | 2 dias | | |
| Salário-base: R$ 990,00/mês | | | |

Demonstrativo de Pagamento

| Descrição | Ref. | Vencimentos | Descontos |
|---|---|---|---|
| Atrasos | 9 horas | | |
| Salário-base: R$ 5,60/hora (base 220h) | | | |

12. Quais são os percentuais de desconto da tabela progressiva do INSS? Se a remuneração do trabalhador ultrapassar o teto máximo de contribuição, como proceder ao desconto?

_______________________________________________

_______________________________________________

13. Quando é calculado o desconto do INSS sobre o 13º salário?

_______________________________________________

_______________________________________________

14. Qual é a finalidade da Guia da Previdência Social (GPS)?

_______________________________________________

_______________________________________________

15. O que significa **rendimento líquido** para o cálculo do Imposto de Renda Retido na Fonte?

_______________________________________________

_______________________________________________

**16.** Cite os passos para a apuração do **Imposto de Renda líquido devido**.

**17.** Qual é a finalidade do Documento de Arrecadação de Receitas Federais (DARF)?

**18.** Defina **contribuição sindical**.

**19.** Calcular e lançar nos demonstrativos o desconto da contribuição sindical dos trabalhadores com os seguintes salários:

**Demonstrativo de Pagamento**

| Descrição | Ref. | Vencimentos | Descontos |
|---|---|---|---|
| Contribuição sindical | 1/30 | | |
| Salário-base: R$ 770,00/mês | | | |

**Demonstrativo de Pagamento**

| Descrição | Ref. | Vencimentos | Descontos |
|---|---|---|---|
| Contribuição sindical | 1/30 | | |
| Salário-base: R$ 990,00/mês | | | |

Demonstrativo de Pagamento

| Descrição | Ref. | Vencimentos | Descontos |
|---|---|---|---|
| Contribuição sindical | 1/30 | | |
| Salário-base: R$ 5,60/hora (base 220h) | | | |

**20.** Comente o procedimento de desconto do vale-transporte.

______________________________________________

______________________________________________

______________________________________________

**21.** Calcular e lançar o desconto do vale-transporte dos trabalhadores indicados na seguinte tabela:

| Salário Contratual | % | Viagens Recebidas | Desconto |
|---|---|---|---|
| 770,00 / mês | 6 | 52,00 | ____________ |
| 990,00 / mês | 6 | 49,00 | ____________ |
| 5,60 / hora (base 220h) | 6 | 180,00 | ____________ |

**22.** De que forma é apurado o valor líquido a receber da Folha de Pagamento?

______________________________________________

______________________________________________

______________________________________________

______________________________________________

**23.** Como é apurado o **salário de contribuição** (INSS) da Folha de Pagamento?

______________________________________________

______________________________________________

**24.** Como é apurada a **base de cálculo do Imposto de Renda Retido na Fonte** da Folha de Pagamento?

______________________________________________

______________________________________________

**25.** Elaborar um demonstrativo de pagamento dos trabalhadores, com as informações indicadas em seguida, e levando em consideração os apontamentos de adiantamento salarial e vale-transporte dos exercícios anteriores.

**Demonstrativo de Pagamento**

| Nome da Empresa:<br>Endereço: | | CNPJ: | Mês: ___/___ | | |
|---|---|---|---|---|---|
| Código<br>**001** | Nome do Funcionário | Cargo | Local | Depto. Setor | Seção |

| **Descrição** | **Ref.** | **Vencimentos** | **Descontos** |
|---|---|---|---|
| Salário mensal | 30 dias | ________ | |
| Horas extras (50%) | 20 hs | ________ | |
| DSR / horas extras | 24/6 | ________ | |
| Adicional noturno (20%) | 6 hs | ________ | |
| Adto. salarial (desc. 40%) | - | | ________ |
| Faltas | 1 dia | | ________ |
| Atrasos | 3 hs | | ________ |
| Contribuição sindical | 1/30 | | ________ |
| Vale-transporte | - | | ________ |
| | | **Total de Vencimentos**<br>________ | **Total de Descontos**<br>________ |
| | | **Líquido a receber ►►** | ________ |

| **Salário-base** | **Sal. Contribuição** | **Base Calc. FGTS** | **FGTS do mês** | **Base Calc. IRRF** |
|---|---|---|---|---|
| R$ 770,00/mês | ________ | ________ | ________ | **X.XXX,XX** |

## Demonstrativo de Pagamento

Nome da Empresa:
Endereço: CNPJ: Mês: ___/___

| Código | Nome do Funcionário | Cargo | Local | Depto. | Setor | Seção |
|---|---|---|---|---|---|---|
| 002 | | | | | | |

| Descrição | Ref. | Vencimentos | Descontos |
|---|---|---|---|
| Salário mensal | 30 dias | ________ | |
| Horas extras (50%) | 30 hs | ________ | |
| DSR / horas extras | 24/6 | ________ | |
| Adicional noturno (20%) | 12 hs | ________ | |
| Adto. salarial (desc. 40%) | - | | ________ |
| Faltas | 2 dias | | ________ |
| Contribuição sindical | 1/30 | | ________ |
| Vale-transporte | - | | ________ |
| | | **Total de Vencimentos** ________ | **Total de Descontos** ________ |
| | | **Líquido a receber ►►** | ________ |

| Salário-base | Sal. Contribuição | Base Calc. FGTS | FGTS do mês | Base Calc. IRRF |
|---|---|---|---|---|
| R$ 990,00/mês | ________ | ________ | ________ | X.XXX,XX |

## Demonstrativo de Pagamento

Nome da Empresa:
Endereço: CNPJ: Mês: ___/___

| Código | Nome do Funcionário | Cargo | Local | Depto. | Setor | Seção |
|---|---|---|---|---|---|---|
| 003 | | | | | | |

| Descrição | Ref. | Vencimentos | Descontos |
|---|---|---|---|
| Salário mensal | 30 dias | ________ | |
| Horas extras (50%) | 18 hs | ________ | |
| DSR / horas extras | 24/6 | ________ | |
| Adicional noturno (20%) | 16 hs | ________ | |
| Adto. salarial (desc. 40%) | - | | ________ |
| Atrasos | 9 h | | ________ |
| Contribuição sindical | 1/30 | | ________ |
| Vale-transporte | - | | ________ |
| | | **Total de Vencimentos** ________ | **Total de Descontos** ________ |
| | | **Líquido a receber ►►** | ________ |

| Salário-base | Sal. Contribuição | Base Calc. FGTS | FGTS do mês | Base Calc. IRRF |
|---|---|---|---|---|
| R$ 5,60/hora (base 220 hs) | ________ | ________ | ________ | X.XXX,XX |

# Estudo de Caso

O escritório de contabilidade deixou de prestar serviços para a empresa de telemarketing. A pessoa responsável pela administração da empresa e sua auxiliar estão com esta responsabilidade a partir de agora.

Apesar de saberem apontar as informações do Departamento de Pessoal, elas não conhecem o fluxograma do processamento da Folha de Pagamento. É preciso organizar as informações.

Comente de forma clara e objetiva as informações necessárias para montar o fluxograma da Folha de Pagamento.

# 8

# 13º Salário

•••

> Art. 7º da Constituição Federal de 1988 - São direitos dos trabalhadores... além de outros... VIII - décimo terceiro salário com base na remuneração integral...

Ao trabalhador é garantido a cada período igual ou superior a 15 dias de trabalho consecutivos no mês, um valor referente a 1/12 de décimo terceiro salário.

Tal valor é independente da remuneração mensal, sendo a metade paga até o dia 30 de novembro e o restante até o dia 20 de dezembro, considerando a remuneração integral para o cálculo.

# Primeira Parcela

A primeira parcela do 13º salário é o valor correspondente a 50% da remuneração mensal recebida pelo trabalhador durante o ano. Caso o funcionário tenha trabalhado desde o primeiro dia útil do ano, calcula-se a parcela da seguinte forma:

| ***Dia 30 de novembro*** = remuneração mensal × 50% = 1ª parcela (salário = 1.000,00 × 50% = 500,00) |
|---|

Quando o trabalhador é admitido durante o ano, o cálculo é feito de maneira proporcional:

| ***Admissão:*** 15 de março = 10/12 (no mês de março, o trabalhador tem direito a 1/12, referente a 16 dias de trabalho) |
|---|

| ***Dia 30 de novembro*** = remuneração mensal / 12 × 10 × 50% = 1ª parcela (salário=1.000,00 / 12 × 10 = 833,33 × 50% = 416,66) |
|---|

Algumas empresas calculam a primeira parcela do 13º salário, considerando apenas até o mês de novembro, ou seja, calculam proporcionalmente como 11/12 e não como 12/12.

# Segunda Parcela

A segunda parcela do 13º salário é o valor correspondente ao 50% restante da remuneração mensal recebida pelo trabalhador no ano. Caso o funcionário tenha trabalhado desde o primeiro dia útil do ano, a parcela é calculada da seguinte forma:

| ***Dia 20 de dezembro*** = remuneração mensal – adiantamento da 1ª parcela do dia 30 de novembro (salário = 1.000,00 – 500,00 = 500,00) |
|---|

Quando o trabalhador é admitido durante o ano, o cálculo é feito de maneira proporcional:

| ***Admissão:*** 15 de março = 10/12 (no mês de março, o trabalhador terá direito a 1/12, referente a 16 dias de trabalho) |
|---|

| ***Dia 20 de dezembro*** = remuneração mensal / 12 × 10 - 1ª parcela (salário = 1.000,00 / 12 × 10 = 833,33 – 416,66 = 416,67) |
|---|

As empresas que calcularam a primeira parcela do 13º salário de maneira proporcional agora complementam o pagamento, considerando o mês de dezembro, ou seja, como 12/12.

A remuneração integral mensal representa os adicionais habituais (parte variável) recebidos e que integram o salário do trabalhador.

As incidências de INSS e IR e o recolhimento do FGTS devem obedecer à legislação vigente e às datas estipuladas conforme cronograma mensal de cada órgão.

Nos casos de afastamentos previstos pela Previdência Social, o empregador paga somente o 13º salário relativo aos primeiros 15 dias e a Previdência, o relativo ao período do afastamento a partir do primeiro dia da concessão do benefício, considerando 1/12 a fração superior a 14 dias.

# Ajuste do Salário Variável

Os adicionais habituais ou valores variáveis são pagos pela média entre os meses de janeiro e o mês anterior ao respectivo pagamento.

Até o dia 10 de janeiro o empregador pode ajustar o 13º salário referente aos valores variáveis do salário do trabalhador, como: comissões, horas extraordinárias, adicional noturno etc.

O ajuste é obtido pela média entre os meses de janeiro e dezembro do ano anterior.

Caso o trabalhador tenha saldo do salário variável (por exemplo, comissões) que não foi processado na Folha de Pagamento do mês de dezembro, o Departamento de Pessoal deve fazer o ajuste, ou seja, recalcular os vencimentos e providenciar o pagamento da diferença de direito, para regularizar o ano vigente.

## Exemplo[11]

### Demonstrativo de Pagamento

| Nome da Empresa: *Empresa Exemplo DP Ltda.* | | | |
|---|---|---|---|
| Endereço: *Rua dos Livros, 1234* | CNPJ: *99.999.999/0001-99* | Mês: *12/2000* | |

| Código | Nome do Funcionário | Cargo | Local | Depto. | Setor | Seção |
|---|---|---|---|---|---|---|
| *10125* | *José João da Silva* | *Auxiliar Administrativo* | *Matriz* | *10* | *05* | *115* |

| Descrição | Ref. | Vencimentos | Descontos |
|---|---|---|---|
| Salário do mês | 30 dias | 880,00 | |
| Horas extras (50%) | 10 horas | 60,00 | |
| DSR de HE * | | 15,00 | |
| Adicional Noturno (20%) | 5 horas | 4,00 | |
| 13º salário | | 880,00 | |
| Faltas | 1 dia | | 29,33 |
| Atrasos | 5 horas | | 20,00 |
| 13º salário pago | | | 880,00 |
| Adiantamento Salarial | | | 352,00 |
| INSS sobre Salário (8%) | | | 72,77 |
| INSS sobre 13º salário (8%) | | | 70,40 |
| | | **Total de Vencimentos** **1.839,00** | **Total de Descontos** **1.424,50** |
| | | **Líquido a receber ►►** | **414,50** |

| Salário-Base | Sal. Contribuição | Base Calc. FGTS | FGTS do mês | Base Calc. IRRF |
|---|---|---|---|---|
| 880,00 | 909,67 | 909,67 | 72,77 | |

* Considerando um mês com 24 dias úteis e seis dias (domingos e feriados).

Neste exemplo, o trabalhador não terá o desconto de IR por não atingir o valor mínimo de rendimento nem para as verbas de salário e 13º salário.

O salário de contribuição do 13º salário consta no demonstrativo de pagamento do dia 20 de dezembro. Da mesma forma quanto ao valor do FGTS do mês.

---

[11] Tabela do INSS vigente em 12/2008 e Tabela do IRRF vigente em 12/2008.

# Exercício

**1.** Calcular o número de meses que o trabalhador terá direito a receber de 13º salário, levando em consideração a data de admissão. Da mesma forma, calcular o valor da 1ª e da 2ª parcelas do 13º salário, considerando os seguintes salários:

a) 17 de janeiro = ______ Salário: 1.300,00/mês

1ª parcela = ______

2ª parcela = ______

b) 25 de abril = ______ Salário: 1.020,00/mês

1ª parcela = ______

2ª parcela = ______

c) 16 de setembro = ______ Salário: 6,50/hora (base de 220h/mês)

1ª parcela = ______

2ª parcela = ______

d) 15 de novembro = ______ Salário: 9,70/hora (base de 220h/mês)

1ª parcela = ______

2ª parcela = ______

# Anotações

# 9

# FÉRIAS

•••

## Legislação

Art. 129 da CLT - Todo empregado terá direito anualmente ao gozo de um período de férias, sem prejuízo da remuneração.

Art. 130; Art. 133; Art. 134; Art. 135; Art. 136; Art. 137; Art. 138; Art. 139; Art. 140; Art. 141; Art. 142; Art. 143; Art. 144; Art. 145 da CLT.

O trabalhador, ao completar doze meses de trabalho consecutivos, tem direito a um período de descanso de 30 dias a título de férias remuneradas.

Os doze meses consecutivos de trabalho são conhecidos como:

- **Período aquisitivo de férias ou férias vencidas.**

**Exemplo**

- **Admissão:** 12.03.2008
- **Período aquisitivo de férias:** de 12.03.2008 até 11.03.2009

As férias devem ser gozadas em um único período (Art. 134 da CLT).

Somente em casos excepcionais as férias podem ser divididas em dois períodos, um destes não inferior a dez dias (§ 1º). O parcelamento só é permitido para maiores de 18 anos e menores de 50 anos (§ 2º).



# Faltas Injustificadas

O período de descanso ou também conhecido como "gozo" segue uma proporcionalidade em relação às faltas injustificadas do período aquisitivo (Art. 130 da CLT):

| Faltas injustificadas no período aquisitivo | Dias de descanso (gozo) de férias |
|---|---|
| Até 5 faltas | 30 dias corridos |
| De 6 a 14 faltas | 24 dias corridos |
| De 15 a 23 faltas | 18 dias corridos |
| De 24 a 32 faltas | 12 dias corridos |

O trabalhador que tiver mais de 32 faltas injustificadas no período aquisitivo não tem direito às férias.

Conforme o Art. 133, inciso IV da CLT, o trabalhador que no período aquisitivo estiver em licença por motivos de saúde (auxílio--doença ou acidente do trabalho) por mais de 180 dias, mesmo que em períodos diferentes, perde o direito às férias.

Neste caso, os primeiros 15 dias, de responsabilidade do empregador, não contam para este fim.

Conforme o Art. 133 § 2º da CLT, o novo período aquisitivo é contado a partir da data do efetivo retorno do trabalhador ao seu posto de trabalho.

# Abono Pecuniário

> Art. 143 da CLT - É facultado ao empregado converter 1/3 (um terço) do período de férias a que tiver direito em abono pecuniário, no valor da remuneração que lhe seria devida nos dias correspondentes.

O trabalhador deve solicitar ao empregador, por escrito, no máximo 15 dias antes do final do período aquisitivo. Neste caso, o trabalhador descansa dois terços das férias e recebe um terço em dinheiro (§ 1º).

**Exemplo**

- **Férias:** 20 (vinte) dias de descanso
- **Abono pecuniário:** 10 (dez) dias em dinheiro.

**Cálculo**

- **Salário:** 3.000,00 /mês
- **Férias:** salário-mês / 30 dias × 20 dias de descanso = 3.000,00 / 30 = 100,00 × 20 dias = 2.000,00
- **Abono pecuniário:** salário-mês / 30 dias × 10 dias de abono pecuniário = 3.000,00 / 30 dias = 100,00 × 10 dias = 1.000,00

**Modelo**

Local e data

À

____________________________________(nome da empresa)

**Abono Pecuniário de Férias**

De acordo com a legislação em vigor, venho manifestar meu desejo de converter 1/3 do período em trabalho referente ao exercício de 20__, quando entrar em gozo de minhas férias regulamentares, a serem fixadas pela empresa.

Atenciosamente

________________________________________

Nome do Empregado - Registro nº _____



# 1/3 Constitucional

> Art. 7º da Constituição Federal - São direitos dos trabalhadores... além de outros... XVII - gozo de férias anuais remuneradas com, pelo menos, um terço a mais do que o salário normal.

No cálculo da remuneração das férias, além do abono pecuniário, quando houver, acrescenta-se o valor correspondente a um terço sobre as respectivas verbas.

# Solicitação da 1ª Parcela do 13º Salário

Junto com o pagamento das férias pode ser antecipada a primeira parcela do 13º salário, desde que o trabalhador solicite até o último dia útil do mês de janeiro (Lei nº 4.749/65, Art. 2º, § 2º).

**Modelo**

**Solicitação da 1ª Parcela do 13º Salário**

Local e data

Ao

____________________________________

(nome do empregador)

Prezados senhores,

Nos termos da legislação vigente, solicito o pagamento da 1ª parcela do 13º salário por ocasião do gozo de minhas férias.

Solicito apor o seu ciente na cópia desta.

Nome do empregado: ________________________________________________

CTPS e série ____________________ Depto./Seção ___________________________

Atenciosamente                Ciente em __/__/__

______________________________     ______________________________

Empregado                Empregador

**Nota:** O adiantamento será pago ao ensejo das férias do empregado, sempre que este requerer no mês de janeiro do correspondente ano.

Solicitação por parte do trabalhador:

**Modelo**

Local e data

À

_________________________________(nome da empresa)

**Solicitação de Adiantamento de 13º Salário**

De acordo com a legislação em vigor, venho manifestar meu desejo de receber a antecipação do 13º salário referente ao exercício de 20__, quando entrar em gozo de minhas férias regulamentares, a serem fixadas pela empresa.

Atenciosamente

_________________________________________

Nome do Empregado - Registro nº _____

# Aviso de Férias

O empregador deve comunicar ao trabalhador o período de férias com 30 dias de antecedência da data do seu início em duas vias. O trabalhador assina e fica com uma das vias, a outra é arquivada no seu prontuário profissional no Departamento de Pessoal (Art. 135 da CLT).

O trabalhador deve apresentar a CTPS ao Departamento de Pessoal que faz as devidas anotações para que se concretize o processo e dê início às férias (§ 1º).

**Modelo**

Nome da Empresa                                                   Data ___/___/_____

**Aviso de Férias**

Em obediência ao que determina o Art. 135 da Consolidação das Leis do Trabalho (CLT), vimos participar-lhe, com a necessária antecedência, que as suas férias relativas ao período aquisitivo compreendido de ___/___/_____ a ___/___/_____ serão gozadas de ___/___/_____ a ___/___/_____, devendo retornar ao trabalho no primeiro dia útil seguinte.

O pagamento da remuneração das férias de ___ dias estará a sua disposição até 2 dias antes do início do respectivo período, conforme determina o Art. 145 da C.L.T. mediante a apresentação da carteira profissional para as devidas anotações.

Recebi a 2ª via em ___/___/______

_______________________________          _______________________________

Nome do empregado - Registro nº _____          Nome da empresa e assinatura

# Recibo de Férias - Pagamento

O empregador faz o pagamento das férias e apresenta um recibo assinado em duas vias, sendo uma do trabalhador que dará quitação e a outra do empregador que arquivará no seu prontuário profissional (Art. 145 parágrafo único).

O pagamento líquido é feito ao trabalhador dois dias antes do início respectivo do gozo de férias. Incluem-se o abono pecuniário, quando for o caso, e um terço constitucional (Art. 145).

Se houver valores de média de horas extraordinárias trabalhadas no período aquisitivo, integram-se à remuneração das férias.

## Férias Coletivas

> Art. 139 da CLT - Poderão ser concedidas férias coletivas a todos os empregados de uma empresa ou de determinados estabelecimentos ou setores da empresa.
>
> § 1º As férias poderão ser gozadas em dois períodos anuais, desde que nenhum deles seja inferior a 10 (dez) dias corridos.
>
> § 2º Para os fins previstos neste artigo, o empregador comunicará ao órgão local do Ministério do Trabalho, com a antecedência mínima de 15 (quinze) dias, as datas de início e fim das férias, precisando quais os estabelecimentos ou setores abrangidos pela medida.
>
> § 3º Em igual prazo o empregador enviará cópia da aludida comunicação aos sindicatos representativos da respectiva categoria profissional, e providenciará a afixação de aviso nos locais de trabalho.

Nas férias coletivas, a conversão do abono pecuniário de um terço das férias deve preceder de acordo coletivo com o sindicato da categoria profissional (Art. 143 § 2º).

Caso na época das férias coletivas o trabalhador não tiver completado os 12 meses consecutivos de trabalho, as férias serão proporcionais e será obtido um novo período aquisitivo.

O empregador deve anotar na CTPS dos trabalhadores as informações referentes a férias coletivas.

## Férias em Dobro

Conforme o Art. 137 da CLT, o empregador que não conceder férias ao trabalhador após o período aquisitivo no que trata o Art. 134 da CLT, estará sujeito ao pagamento da remuneração de férias em dobro.

As férias pagas em dobro não têm incidência de INSS e FGTS. O IRRF deve ser calculado junto com o restante das férias.

## Incidências

A remuneração das férias (férias em descanso, um terço constitucional) do trabalhador incide para desconto e dedução do INSS, Imposto de Renda Retido na Fonte, conforme tabelas em vigor na ocasião e recolhimento do FGTS.

No caso de conversão do abono pecuniário, incide para tributação do Imposto de Renda Retido na Fonte, conforme tabela em vigor na ocasião.

A tributação deve ser feita em separado de outras parcelas da remuneração do trabalhador.

**Modelo**

## Recibo de Férias

| Registro | Nome | Dir/Depto./Setor/Seção C. Custo | CTPS./Série/UF |
|---|---|---|---|
| | | | |

Cargo: ______________________________ CPF: ____________________

Aquisição: ___/___/___ a ___/___/___ Gozo: ___/___/___ a ___/___/___ Remuneração: R$______

Férias ______________________________

Integração de férias ______________________________

Abono pecuniário de férias ______________________________

1/3 férias (constituição) ______________________________

INSS ______________________________

IRRF nas férias ______________________________

LÍQUIDO ______________________________

Recebi de ____________________________________________ a importância líquida de R$________________ (____________________________________________
____________________________________________________________________)
conforme demonstrativo acima, referente a ________________.

Depósito em c. corrente _________ Banco ________ Ag_________

Local e data

____________________________________

Nome e assinatura do empregado

**Modelo**

**Recibo de Férias**

| Registro<br>*15* | Nome<br>*José João da Silva* | Dir/Depto./Seção C. Custo<br>*Matriz/10/05/115* | CTPS./Série/UF<br>*12345/SP* |
|---|---|---|---|

Cargo: *Auxiliar administrativo* CPF: *123.456.789-000*

Aquisição: *01/06/2009 a 31/05/2010* Gozo: *01/11/2010 a 30/11/2010* Remuneração: *R$ 800,00*

| | |
|---|---|
| Férias *(30 dias de descanso)* | *880,00* |
| Integração de férias | *110,00* |
| Abono pecuniário de férias | |
| 1/3 férias (constituição) | *330,00* |
| INSS *(9%)* | *118,80* |
| LÍQUIDO | *1.201,20* |

Recebi de *Empresa Livros DP Ltda.* a importância líquida de *R$ 1.201,20 (Um mil, duzentos e um reais e vinte centavos)* conforme demonstrado acima, referente a *30 dias de férias.*

Depósito em c. corrente *000* Banco *do Povo* Ag *000*

Local e Data

______________________________

*José João da Silva*

Outra oportunidade que o Departamento de Pessoal tem para orientar o trabalhador é no momento do pagamento das férias.

Na maioria das vezes o trabalhador não entende que férias significam "antecipação de salário" e que se refere aos respectivos dias de descanso. Quando ele recebe a quantia antecipada, normalmente dispõe para suas necessidades pessoais, sem se preocupar com a próxima Folha de Pagamento.

O Departamento de Pessoal deve explicar ao trabalhador que o valor correspondente às férias precisa ser administrado como o salário mensal (exceto o acréscimo de 1/3 constitucional), orientando com clareza as consequências quando retornar ao trabalho:

- Quantos dias o trabalhador receberá na próxima Folha de Pagamento;
- Os descontos legais e autorizados que vão recair na Folha de Pagamento;
- Se o trabalhador terá direito ao adiantamento salarial (quando for prática da empresa).

| **Observação** | O adiantamento salarial de 40%, por exemplo, representa que o trabalhador precisa ter um saldo mínimo de 12 dias trabalhados (40% de 30 dias = 12 dias). Neste caso, o Departamento de Pessoal deve avaliar se o período de férias contempla o número necessário de dias que favoreça o adiantamento. |
|---|---|

Desta forma o trabalhador gozará as férias com todas as informações de que precisa para administrar bem o seu salário.

Para a empresa significa um trabalho preventivo de conscientização, estratégia das empresas que valorizam o potencial da sua força de trabalho.

Na ocasião do processamento da Folha de Pagamento, as férias devem constar como informações consistentes para a contabilização dos valores de remuneração antecipados.

Essas verbas são lançadas junto com as demais verbas da remuneração do trabalhador.

**Exemplo**

O trabalhador saiu de férias no dia primeiro do mês e descansou 30 dias. Neste caso na Folha de Pagamento constará apenas os valores referentes aos eventos de férias e nada mais.

## Demonstrativo de Pagamento[12]

| Nome da Empresa: *Empresa Exemplo DP Ltda.* | | | | | | |
|---|---|---|---|---|---|---|
| Endereço: *Rua dos Livros, 1234* | | | CNPJ: *99.999.999/0001-99* | | Mês: *05/2009* | |
| Código | Nome do Funcionário | Cargo | Local | Depto. | Setor | Seção |
| *10125* | *José João da Silva* | *Auxiliar Administrativo* | *Matriz* | *10* | *05* | *115* |

| Descrição | Ref. | Vencimentos | Descontos |
|---|---|---|---|
| Férias | | 880,00 | |
| Integração de médias | | 110,00 | |
| 1/3 constitucional | | 330,00 | |
| INSS | | | 118,80 |
| Férias recebidas | | | 1.201,20 |
| | | **Total de Vencimentos** | **Total de Descontos** |
| | | **1.320,00** | **1.320,00** |
| | | **Líquido a receber ►►** | **0,00** |

| Salário-Base | Sal. Contribuição | Base Calc. FGTS | FGTS do mês | Base Calc. IRRF |
|---|---|---|---|---|
| **880,00** | **1.320,00** | **1.320,00** | **105,60** | |

* Neste exemplo, o trabalhador não terá o desconto de IR por não atingir o valor mínimo de rendimento.

No caso em que as férias do trabalhador estejam compreendidas em dois meses, a Folha de Pagamento será elaborada levando em consideração cada mês de referência.

[12] Tabela do INSS e Imposto de Renda vigente no mês do respectivo cálculo.

**Exemplo**[13]

## Recibo de Férias

| Registro | Nome | Dir/Depto./Setor/Seção C. Custo | CTPS./Série/UF |
|---|---|---|---|
| *15* | *José Carvalho* | *Matriz/10/05/115* | *12345/123/SP* |

Cargo: *Auxiliar administrativo* CPF: *XXX.XXX.XXX-XX*

Aquisição: *01/06/2009 a 31/05/2010* Gozo: *10/06/2010 a 09/07/2010* Remuneração: *R$ 1.050,00*

| | |
|---|---|
| Férias *(21 dias de descanso em junho)* | *735,00* |
| Férias *(9 dias de descanso em julho)* | *315,00* |
| Integração de férias | |
| Abono pecuniário de férias | |
| 1/3 férias (constituição) | *350,00* |
| INSS *(9%)* | *126,00* |
| IRRF nas férias | *isento* |
| LÍQUIDO | *1.274,00* |

Recebi de *Empresa Livros DP Ltda.* a importância líquida de *R$ 1.274,00 (Um mil, duzentos e setenta e quatro reais)* conforme demonstrativo acima, referente a *30 dias de férias.*

Depósito em c. corrente *000* Banco *do Povo* Ag *000*

*Local e Data*

____________________________

*José Carvalho*

Na Folha de Pagamento de junho, o trabalhador receberá 9 (nove) dias trabalhados e o lançamento dos 21 (vinte e um) dias de férias.

Os valores referentes a 1/3 Constitucional e INSS são informados no mês do efetivo pagamento.

Na Folha de Pagamento de julho, o trabalhador receberá 21 (vinte e um) dias trabalhados e o lançamento dos 9 (nove) dias de férias.

[13] Tabela do INSS e Imposto de Renda vigente no mês do respectivo cálculo.

# Exercícios

**1.** Qual é o período aquisitivo do trabalhador que é admitido nas seguintes datas:

a) 19 de março de 2007

b) 17 de setembro de 2007

c) 05 de fevereiro de 2008

d) 1º de outubro de 2007

**2.** O trabalhador solicitou a conversão das férias em abono pecuniário. Ele teve 13 faltas injustificadas. Qual será o número de dias de férias e de abono pecuniário?

**3.** Qual é o prazo mínimo que o empregador deve comunicar as férias ao trabalhador?

# 10

# Rescisão do Contrato de Trabalho

...

## Legislação

A relação trabalhista pode cessar quando uma das partes deixar de cumprir o estipulado no contrato de trabalho, motivada tanto por iniciativa do empregador quanto pelo trabalhador.

A cessação do contrato é conhecida como rescisão do contrato de trabalho em que o empregador reconhece os motivos que justificam a necessidade da saída do trabalhador do seu posto de trabalho.

A Constituição Federal de 1988 assegura ao trabalhador a relação de emprego protegida contra a rescisão arbitrária, que prevê o pagamento de indenização, dentre outros reflexos decorrentes.

> Art. 7º da Constituição Federal - São direitos dos trabalhadores... além de outros... I - relação de emprego protegida contra despedida arbitrária ou sem justa causa, nos termos de lei complementar, que preverá indenização compensatória, dentre outros direitos; II - seguro-desemprego, em caso de desemprego involuntário; III - Fundo de Garantia do Tempo de Serviço.

É assegurado ao empregador utilizar-se de dispositivos disciplinares para evitar que atos abusivos, praticados pelos trabalhadores, prejudiquem a continuidade da relação de emprego, e consequentemente, deteriore a sua manutenção no posto de trabalho.

Os dispositivos disciplinares devem ser utilizados como uma forma de corrigir o possível conflito existente; devem ser imediatos para que o trabalhador entenda a gravidade do ato, reconheça-o e possa refletir a respeito; e informativos, sem deixar nenhuma dúvida quanto à intenção do empregador de recuperar a relação de emprego e não com foco no "castigo".

Existem alguns tipos de dispositivos disciplinares: advertência disciplinar verbal, advertência disciplinar por escrito, suspensão disciplinar do trabalho por tempo determinado e justa causa.

## Advertência Disciplinar Verbal

Consiste em coletar as informações necessárias sobre os fatos, analisar a sua gravidade em relação ao planejamento da equipe de trabalho e da própria empresa e chamar o trabalhador para uma "conversa", na qual se esclareçam pontualmente os motivos da advertência disciplinar verbal, e se informe que numa reincidência, ou seja, se o ato for repetido, ele pode receber punições mais severas (Art. 482 da CLT).

O importante é que o superior imediato do trabalhador seja a pessoa a aplicar a advertência, pois facilita o entendimento por ser o maior interessado na manutenção da relação de emprego.

## Advertência Disciplinar por Escrito

Na reincidência do ato abusivo ou de maior gravidade de acordo com o entendimento da empresa, o empregador deve formalizar por meio de documento uma advertência disciplinar, na qual se descrevem as características do ato, seus reflexos e o enquadramento em um dos itens do Art. 482 da CLT.

O documento, assinado e reconhecido pelo trabalhador, é arquivado no prontuário do profissional no Departamento de Pessoal e servirá como histórico para análise futura. Neste caso de formalidade, o Departamento de Pessoal é o aplicador da advertência disciplinar por escrito.

Caso o trabalhador não queira assinar o documento, o empregador pode identificar duas testemunhas que o assinarão pelo reconhecimento do ato, em decorrência da negativa por parte do trabalhador.

## Suspensão Disciplinar do Trabalho

Dependendo da gravidade do ato praticado e depois de analisar a relação de emprego, o empregador pode suspender o funcionário do trabalho por prazo determinado e permitir também o não pagamento da sua remuneração neste período (Art. 474 da CLT).

Situações como esta fazem as empresas repensarem sobre a recuperação do trabalhador ou não. Em muitos casos, o funcionário perde o seu posto de trabalho por não reconhecer o esforço das empresas em tentar a correção de certos conflitos existentes entre as partes.

# Justa Causa



Quando ocorre falta grave por parte do trabalhador, é o momento de refletir sobre a rescisão do contrato de trabalho por justa causa.

Neste caso o empregador deve ter a certeza absoluta das intenções do trabalhador, buscar informações e coletar provas de que houve intenção faltosa. Em alguns casos, o trabalhador não sabia das consequências de seus atos, e por isso é importante que exista segurança por parte do empregador quando aplicar uma penalidade tão grave como a justa causa. O empregado pode cometer mais de um motivo de justa causa.

Outro fator importante é o trabalhador ser reincidente ou não. O empregador deve buscar no prontuário profissional do trabalhador, verificar se houve outras penalidades disciplinares e analisar sua história na empresa. Somente desta forma a empresa tem recursos e apoio legal suficientes.

Conforme o Art. 482 da CLT, constituem justa causa para a rescisão do contrato de trabalho:

- **Ato de improbidade**, ou seja, apropriar-se indevidamente de algo que não lhe pertence; atentar contra o patrimônio da empresa ou de colegas trabalhadores.
- **Incontinência de conduta ou mau procedimento:** desrespeito às normas da sociedade (sexualidade, pudor, pornografia, obscenidade etc.). É mais abrangente, usado quando não se enquadra nos outros tipos de justa causa.
- **Negociação habitual por conta própria ou alheia sem permissão do empregador, e quando constituir ato de concorrência à empresa para a qual trabalha o empregado, ou for prejudicial ao serviço:** quando o trabalhador utiliza-se de negociação por sua conta e risco, sem a participação ou consentimento do empregador, de maneira habitual, corriqueira e com interesse financeiro; configuração de concorrência contra

a própria empresa onde trabalha e que prejudique o desenvolvimento das atividades laborais.

- **Condenação criminal do empregado, passada em julgado, caso não tendo havido suspensão da execução da pena:** somente quando houver condenação sem possibilidade de recursos, a não suspensão da pena e o seu consequente cumprimento permitem sua demissão.
- **Desídia no desempenho das respectivas funções:** negligência ao trabalho; desinteresse do trabalhador pelo desenvolvimento das suas atividades e da empresa em si; omissão; repetição de atos que onerem a empresa.
- **Embriaguez habitual ou em serviço:** de maneira frequente, quando o trabalhador de maneira frequente, em qualquer lugar, estiver em estado de embriaguez e prejudicar o trabalho e a relação com a imagem da empresa. Mesmo que numa única vez, o estado de embriaguez é caracterizado como ato grave. As drogas tóxicas ou entorpecentes também são considerados ato de embriaguez, pois tiram a capacidade laboral do trabalhador.
- **Violação de segredo da empresa:** quando o trabalhador tiver sobre sua responsabilidade segredos que possam colocar em "xeque" o desempenho e a competitividade da empresa frente ao mercado e revelá-los para terceiros.
- **Ato de indisciplina ou de insubordinação:** desrespeito de regras impostas pela empresa e descumprimento de normas e procedimentos, como, por exemplo, não ouvir determinações do ascendente profissional e colocar em risco o relacionamento interno na empresa.
- **Abandono de emprego:** a jurisprudência fixa em 30 dias de ausência injustificada e consecutiva o prazo para a empresa providenciar a rescisão do contrato de trabalho. Como fator preventivo, o empregador deve comunicar o abandono ao trabalhador por meio de telegrama ou carta registrada e

anunciar nos jornais de grande circulação o ato de abandono de emprego, o que caracteriza fatos para a continuidade do desligamento do trabalhador.

- **Ato lesivo da honra ou da boa fama praticado no serviço contra qualquer pessoa, ou ofensas físicas, nas mesmas condições, salvo em caso de legítima defesa, própria ou de outrem:** ofensas, agressões, calúnia, injúrias nas dependências da empresa e praticadas pelo trabalhador contra o empregador, colegas de trabalho, clientes e outros.
- **Ato lesivo da honra ou da boa fama ou ofensas físicas praticadas contra o empregador e superiores hierárquicos, salvo em caso de legítima defesa, própria ou de outrem:** ofensas, agressões, calúnia, injúrias ocasionadas tanto dentro quanto fora da empresa, e praticadas pelo trabalhador contra o empregador ou ascendentes hierárquicos.
- **Prática constante de jogos de azar:** qualquer jogo praticado no qual se utilize dinheiro.
- **Constitui igualmente justa causa para dispensa de empregado a prática, devidamente comprovada em inquérito administrativo, de atos atentatórios à segurança nacional.**

A CLT apresenta outros motivos para dispensa por justa causa, conforme artigos 508, para bancários e 432, para aprendizes.

Da mesma forma, a legislação protege o trabalhador contra os atos abusivos do empregador, e pode o trabalhador recorrer à Justiça do Trabalho, por meio de uma ação, para a rescisão do contrato de trabalho e requerer o pagamento dos reflexos trabalhistas com base no desligamento sem justa causa.

Conforme o Art. 483 da CLT, o trabalhador pode considerar rescindido o contrato e pleitear a devida indenização quando:

- **Forem exigidos serviços superiores às suas forças, defesos por lei, contrários aos bons costumes, ou alheios ao contrato:** se o empregador exigir que o trabalhador exerça atividades de superior responsabilidade, não previstas pela legislação nem pelo contrato de trabalho.

- **For tratado pelo empregador ou por seus superiores hierárquicos com rigor excessivo:** quando o trabalhador, normalmente, é punido de uma maneira muito superior à gravidade do fato.
- **Correr perigo manifesto de mal considerável:** trabalhador exposto a perigo real, não considerado pelo empregador por meio de programas de segurança do trabalho.
- **Não cumprir o empregador as obrigações do contrato:** por motivo ou outro, o empregador negligenciar o Contrato Individual de Trabalho e adotar a unilateralidade.
- **Praticar o empregador ou seus prepostos, contra ele ou pessoas de sua família, ato lesivo da honra e boa fama:** ofensas morais contra o trabalhador ou familiar.
- **O empregador ou seus prepostos ofenderem-no fisicamente, salvo em caso de legítima defesa, própria ou de outrem:** ofensas ou agressões que atentem contra a integridade física do trabalhador.
- **O empregador reduzir o seu trabalho, sendo este por peça ou tarefa, de forma a afetar sensivelmente a importância dos salários:** redução sensível da jornada de trabalho, causando prejuízo salarial para o trabalhador.

A rescisão do contrato de trabalho ocorre para os contratos por prazo determinado e por prazo indeterminado, para os contratos com mais e menos de um ano que pode ter a iniciativa tanto do empregador (desligamento) quanto do trabalhador (pedido de demissão).

## Tipos de Rescisão

Os tipos de rescisão do contrato de trabalho são:

- **Sem justa causa:** tanto por iniciativa do empregador quanto do trabalhador.

- **Com justa causa:** tanto por iniciativa do empregador (Art. 482 da CLT) quanto por iniciativa do trabalhador (dispensa indireta - Art. 433 da CLT).
- **Antecipada do contrato de experiência por iniciativa do empregador:** empregador decide interromper o contrato de experiência.
- **Antecipada do contrato de experiência por iniciativa do trabalhador:** trabalhador decide interromper o contrato de experiência.
- **Término do contrato de experiência:** empregador decide interromper o contrato de experiência no seu prazo final.
- **Por prazo determinado:** contrato interrompido no seu prazo previsto de término.
- **Morte do trabalhador.**
- **Aposentadoria:** não necessariamente implica numa rescisão do contrato de trabalho.
- **Extinção da empresa:** empresa deixa de existir juridicamente.

# Direitos do Trabalhador

São direitos trabalhistas adquiridos, decorrentes do tempo de atividade do trabalhador registrado por contrato de trabalho. Normalmente, os direitos trabalhistas são os seguintes:

## Aviso prévio

### Indenizado[14]

Quando o empregador decidir que o trabalhador não deve cumprir o período legal de aviso prévio trabalhando (30 dias ou 220

[14] O aviso prévio indenizado conta como tempo de serviço para cálculo de férias vencidas, proporcionais e 13º salário proporcional.

horas - artigos de 487 a 491 da CLT), ele indenizará o trabalhador com o valor correspondente ao período.

**Exemplo:** salário-base + média dos adicionais que integram o salário, recebidos nos últimos 12 meses = valor a pagar.

**Cálculo**

- **Horista:** salário-hora multiplicado por 220 horas (equivalente a 30 dias) + média dos adicionais = valor a pagar.

  R$ 10,00 × 220 + R$ 300,00 = **R$ 2.500,00**

- **Mensalista:** salário-mês + média dos adicionais = valor a pagar.

  R$ 1.200,00 R$ 300,00 = **R$ 1.500,00**

**Trabalhado**

Quando o trabalhador cumpre o período trabalhando. Se for por iniciativa do empregador, o trabalhador tem direito a reduzir o tempo do aviso prévio.

**Exemplo:** sete dias corridos, ou duas horas diárias durante o período (conforme negociação entre as partes), sem que acarrete perda salarial em ambos os casos.

## Outros Tipos de Aviso Prévio (Previstos em Acordo Coletivo)

Normalmente, os acordos coletivos de algumas categorias profissionais estão destinados a uma cláusula que prevê um adicional ao aviso prévio legal, tais como:

- um dia por cada ano de trabalho na empresa;
- acima de <u>**XX**</u> anos de idade, equivale a um número fixo de dias de aviso prévio e, para cada ano adicional, equivale à proporcionalidade de um dia para cada ano que ultrapassar.

**Exemplo**

Acordo coletivo: acima de 45 anos de idade = 40 dias de aviso prévio e caso o trabalhador tenha 46 anos = 40 + 1 = 41 dias de aviso prévio.

**Cálculo**

- **Horista:** salário-hora multiplicado por 220 + adicionais, dividido por 30 dias e multiplicado por 40 ou 41 dias = valor a pagar.

  R$ 10,00 × 220 + R$ 300,00 = R$ 2.500,00 / 30 = R$ 83,33 × 40 = **R$ 3.333,20**

- **Mensalista:** salário-mês + adicionais, dividido por 30 dias e multiplicado por 40 ou 41 dias = valor a pagar.

  R$ 1.200,00 + R$ 300,00 = R$ 1.500,00 / 30 = R$ 50,00 × 40 = **R$ 2.000,00**

## Saldo de Salário

Corresponde ao pagamento do saldo dos dias trabalhados até o dia do desligamento, no mês da rescisão.

**Exemplo**

Desligamento no dia 18 de março.

O trabalhador tem direito a 18 dias de saldo de salário, calculado sobre o seu último salário-base.

No caso do trabalhador horista, multiplicar 18 dias pelo número de horas correspondentes no período e considerar também o DSR para o cálculo.

## Salário-Família

Corresponde aos dias trabalhados no mês da rescisão, proporcional ao valor da cota mensal e multiplicado pelo número de cotas às quais o trabalhador tem direito.

## Horas Extras

São as horas extras trabalhadas no mês da rescisão e seu respectivo adicional (mínimo de 50% - Art. 59 § 1º da CLT).

**Exemplo**

**Horista**

1. Salário-hora multiplicado pelo adicional (mínimo de 50%) = adicional de hora extra.
2. Salário-hora somado com o adicional de hora extra = valor total das horas extras.
3. Valor total das horas extras multiplicado pelo número de horas extras feitas no mês da rescisão = valor a pagar.

**Mensalista**

1. Dividir o salário-mês por 220 horas = valor do salário-hora do mensalista.
2. Salário-hora do mensalista multiplicado pelo adicional (mínimo de 50%) = adicional de hora extra.
3. Salário-hora do mensalista somado com o adicional de hora extra = valor total das horas extras.
4. Valor total das horas extras multiplicado pelo número de horas extras feitas no mês da rescisão = valor a pagar.

## Adicional Noturno

Correspondente aos adicionais das horas trabalhadas no período noturno (Art. 73 da CLT).

**Exemplo**

**Horista**

1. Salário-hora multiplicado pelo adicional (mínimo de 20%) = adicional noturno.
2. Adicional noturno multiplicado pelo número de horas noturnas feitas no mês da rescisão = valor a pagar.

**Mensalista**

1. Dividir o salário-mês por 220 horas = valor do salário-hora do mensalista.
2. Salário-hora do mensalista multiplicado pelo adicional (mínimo de 20%) = adicional noturno.
3. Adicional noturno multiplicado pelo número de horas noturnas feitas no mês da rescisão = valor a pagar.

## 13º Salário Proporcional e Indenizado

Corresponde à proporcionalidade da remuneração do trabalhador, no período compreendido entre os dias trabalhados no mês de janeiro até o último dia de aviso prévio[15], no ano que acontecer o desligamento.

Somente tem direito a 1/12 no mês, se o trabalhador tiver cumprido um número igual ou superior a 15 dias consecutivos de trabalho.

[15] Conta como tempo de serviço.

**Exemplo**

**Admissão:** 02 de janeiro de 2009

**Desligamento:** 18 de março de 2010

**Salário:** R$ 1.200,00 / mês

**Último dia de aviso prévio:** 16 de abril de 2010 (30 dias após o desligamento)

**Cálculo:** 1/12 de janeiro; 1/12 de fevereiro; 1/12 de março = 3/12 de 13º salário proporcional; 1/12 de abril = 1/12 de 13º salário indenizado[16].

**Rescisão**

1. Salário-base / 12 meses × 3 = valor do 13º salário proporcional a pagar = R$ 1.200,00 / 12 × 3 = **R$ 300,00**
2. Salário-base / 12 meses × 1 = valor do 13º salário indenizado a pagar = R$ 1.200,00 / 12 × 1= **R$ 100,00**

**Observação:** Para o cálculo do 13º salário levam-se em consideração também a média de horas extras e outros adicionais que integram o salário, recebidos durante o ano até a rescisão.

## Férias Vencidas

Direito adquirido do trabalhador, que corresponde a 12 meses de trabalho consecutivos, sem que ele tenha quitado até o último dia de aviso prévio[17].

O trabalhador faz jus ao valor correspondente à sua última remuneração (salário + média de horas extras e outros adicionais que integram o salário durante o ano até a rescisão) a título de férias vencidas.

16 Incide para o cálculo INSS, IR e do FGTS e não para o INSS.

17 Conta como tempo de serviço.

**Exemplo**

**Admissão:** 02 de janeiro de 2009

**Desligamento:** 18 de março de 2010

**Último dia de Aviso Prévio:** 16 de abril de 2010

**Período aquisitivo vencido:** 02.01.2009 até 01.01.2010

## Férias Proporcionais

Corresponde à proporcionalidade de férias até o último dia de aviso prévio[18].

**Exemplo**

**Admissão:** 02 de janeiro de 2009

**Desligamento:** 18 de março de 2010

**Salário:** R$ 1.200,00

**Último dia de Aviso-Prévio:** 16 de abril de 2010

**Período aquisitivo vencido:** 02.01.2009 até 01.01.2010

**Período aquisitivo proporcional:** 02.01.2010 até 16.04.2010

**Cálculo:** 1/12 de janeiro; 1/12 de fevereiro; 1/12 de março = 3/12 de férias proporcionais. 1/12 de abril = 1/12 de férias indenizadas[19].

**Rescisão**

1. Salário-base / 12 meses × 3 = valor das férias proporcionais a pagar = R$ 1.200,00 / 12 × 3 = **R$ 300,00**
2. Salário-base / 12 meses × 1 = valor das férias indenizadas a pagar = R$ 1.200,00 / 12 × 1 = **R$ 100,00**

---

18 Conta como tempo de serviço.

19 Incide para o IR (separado das outras verbas) e não para INSS e FGTS.

## 1/3 Constitucional

Da mesma forma que no capítulo de férias do trabalhador, o cálculo da remuneração das férias vencidas e proporcionais na rescisão do contrato de trabalho será acrescido do valor correspondente a um terço sobre as respectivas verbas (férias vencidas + férias proporcionais).

## Indenização

### Indenização Complementar

Conforme o Art. 479 da CLT, o trabalhador que for dispensado sem justa causa, antes do término previsto do contrato de experiência (90 dias), faz jus ao recebimento de metade da remuneração a que tem direito até o seu término; sob o título de indenização complementar na rescisão do contrato de trabalho.



**Exemplo:** prazo do contrato de trabalho: 02.01.2010 até 01.04.2010 (90 dias)

**Desligamento:** 14.03.2010

**Saldo até 01.04.2009:** 18 dias

**Art. 479 da CLT:** metade de 18 dias = 9 dias de indenização complementar.

### Indenização Adicional

Conforme o Art. 9º da Lei 6.708/79, o trabalhador que for dispensado sem justa causa a 30 dias da data antecedente ao acordo coletivo da categoria profissional tem direito a um valor correspondente a **um salário nominal** (último salário-base), acrescido na rescisão do contrato de trabalho, desde que se considere até o último dia do aviso prévio, sob o título de indenização adicional.

> Art. 481 da CLT - Aos contratos por prazo determinado, que contiverem cláusula assecuratória do direito recíproco de rescisão antes de expirado o termo ajustado, aplicam-se, caso seja exercido tal direito por qualquer das partes, os princípios que regem a rescisão dos contratos por prazo indeterminado.

Nos casos de contrato por prazo determinado que conste informação a respeito do Art. 481 e este for rescindido antes do prazo determinado, acarreta a transformação para o contrato por prazo indeterminado. O Art. 479 da CLT deixa de ser considerado para este fim.

# Estabilidades

Existem alguns direitos trabalhistas que funcionários adquirem e que o seu contrato de trabalho não pode extinguir.

Essas estabilidades estão previstas na CLT, Constituição Federal ou em Acordos Coletivos de Trabalho. Alguns exemplos:

- **Cipeiro:** conforme o Art. 165 da CLT e parágrafo único, os trabalhadores eleitos para o cargo de direção da CIPA, desde o registro da candidatura até um ano após o mandato, não podem ser dispensados de forma arbitrária ou sem justa causa.
- **Gestante:** o Art. 391 e parágrafo único da CLT protege a mulher gestante no período compreendido entre a confirmação da gestação até 5 meses após o parto.

> Art. 7º da Constituição Federal - São direitos dos trabalhadores...além de outros...XVIII - licença à gestante, sem prejuízo do emprego e do salário, com a duração de cento e vinte dias.

- **Trabalhador acidentado:** o trabalhador acidentado e afastado por mais de 15 dias, quando tiver alta médica e retornar às suas atividades, tem estabilidade provisória de 12 meses (Lei nº 8.213/91, Art. 118).
- **Dirigente sindical:** o trabalhador que for eleito para ocupar cargo representativo sindical, inclusive o suplente, não pode ser dispensado, a partir do registro de sua candidatura até 12 meses após o final do seu mandato (Art. 543, §3º da CLT). Apenas por falta grave podem ser dispensados e o fato é considerado uma licença não remunerada (§2º).

No caso de estabilidade é importante que o Departamento de Pessoal tenha conhecimento do acordo coletivo da sua categoria profissional, para que observe situações diferenciadas ao exposto, ou outras estabilidades não comentadas.

Alguns direitos trabalhistas diferem em função de:

- menos de um ano; e
- mais de um ano.

| Dispensa sem justa causa | |
|---|---|
| **Menos de um ano** | **Mais de um ano** |
| Saldo de salário<br>Adicionais<br>Salário-família proporcional<br>Aviso prévio (indenizado ou trabalhado)<br>Férias proporcionais com adicionais<br>13º salário proporcional com adicionais<br>FGTS - mês anterior (depositado)<br>FGTS - da rescisão (depositado)<br>Multa rescisória (depositado)<br>FGTS (saque dos depósitos)<br>Seguro-desemprego | Saldo de salário<br>Adicionais<br>Salário-família proporcional<br>Aviso prévio (indenizado ou trabalhado)<br>Férias vencidas com adicionais<br>Férias proporcionais com adicionais<br>13º salário proporcional com adicionais<br>FGTS - mês anterior (depositado)<br>FGTS - da rescisão (depositado)<br>Multa rescisória (depositado)<br>FGTS (saque dos depósitos)<br>Seguro-desemprego |

| Dispensa com justa causa | |
|---|---|
| **Menos de um ano** | **Mais de um ano** |
| Saldo de salário<br>Adicionais<br>Salário-família proporcional<br>FGTS - mês anterior (depositado)<br>FGTS - da rescisão (depositado)<br>FGTS (não poderá sacar) | Saldo de salário<br>Adicionais<br>Salário-família proporcional<br>Férias vencidas com adicionais<br>FGTS - mês anterior (depositado)<br>FGTS - da rescisão (depositado)<br>FGTS (não poderá sacar) |

| Pedido de Demissão | |
|---|---|
| **Menos de um ano** | **Mais de um ano** |
| Saldo de salário<br>Adicionais<br>Salário-família proporcional<br>13º salário proporcional com adicionais<br>FGTS - mês anterior (depositado)<br>FGTS - da rescisão (depositado)<br>FGTS (não poderá sacar) | Saldo de salário<br>Adicionais<br>Salário-família proporcional<br>Férias vencidas com adicionais<br>Férias proporcionais com adicionais<br>13º salário proporcional com adicionais<br>FGTS - mês anterior (depositado)<br>FGTS - da rescisão (depositado)<br>FGTS (não poderá sacar) |

## Contrato por Prazo Determinado

| Dispensa sem justa causa antes do término | |
|---|---|
| **Menos de um ano** | **Mais de 1 ano** |
| Saldo de salário<br>Adicionais<br>Salário-família proporcional<br>Férias proporcionais com adicionais<br>13º salário proporcional com adicionais<br>FGTS - mês anterior (depositado)<br>FGTS - da rescisão (depositado)<br>Indenização do Art. 479 da CLT<br>FGTS (saque dos depósitos) | Saldo de salário<br>Adicionais<br>Salário-família proporcional<br>Férias vencidas com adicionais<br>Férias proporcionais com adicionais<br>13º salário proporcional com adicionais<br>FGTS - mês anterior (depositado)<br>FGTS - da rescisão (depositado)<br>Indenização do Art. 479 da CLT<br>FGTS (saque dos depósitos) |

| Dispensa com justa causa | |
|---|---|
| **Menos de um ano** | **Mais de um ano** |
| Saldo de salário<br>Adicionais<br>Salário-família proporcional<br>FGTS - mês anterior (depositado)<br>FGTS - da rescisão (depositado)<br>FGTS (não poderá sacar) | Saldo de salário<br>Adicionais<br>Salário-família proporcional<br>Férias vencidas com adicionais<br>FGTS - mês anterior (depositado)<br>FGTS - da rescisão (depositado)<br>FGTS (não poderá sacar) |

| Término do contrato por prazo determinado (no prazo) |
|---|
| Saldo de salário<br>Adicionais<br>Salário-família proporcional<br>Férias proporcionais com adicionais<br>Férias vencidas (contratos com prazo superior a 1 ano)<br>13º salário proporcional com adicionais<br>FGTS - mês anterior (depositado)<br>FGTS - da rescisão (depositado)<br>FGTS (saque dos depósitos) |

## Morte

| Menos de um ano | Mais de um ano |
|---|---|
| Saldo de salário<br>Adicionais<br>Salário-família proporcional<br>Férias proporcionais com adicionais<br>13º salário proporcional com adicionais<br>FGTS - mês anterior (depositado)<br>FGTS - da rescisão (depositado)<br>FGTS (saque dos depósitos por representante legalmente identificado) | Saldo de salário<br>Adicionais<br>Salário-família proporcional<br>Férias vencidas com adicionais<br>Férias proporcionais com adicionais<br>13º salário proporcional com adicionais<br>FGTS - mês anterior (depositado)<br>FGTS - da rescisão (depositado)<br>FGTS (saque dos depósitos por representante legalmente identificado) |

| Menos de um ano | Mais de um ano |
|---|---|
| Saldo de salário<br>Adicionais<br>Salário-família proporcional<br>13º salário proporcional com adicionais<br>FGTS - mês anterior (depositado)<br>FGTS - da rescisão (depositado)<br>FGTS (saque dos depósitos) | Saldo de salário<br>Adicionais<br>Salário-família proporcional<br>Férias vencidas com adicionais<br>Férias proporcionais com adicionais<br>13º salário proporcional com adicionais<br>FGTS - mês anterior (depositado)<br>FGTS - da rescisão (depositado)<br>FGTS (saque dos depósitos) |



# Incidências

No cálculo das verbas da rescisão do contrato de trabalho do trabalhador, consideram-se as incidências para desconto e dedução do INSS, Imposto de Renda Retido na Fonte, conforme tabelas em vigor na ocasião e o recolhimento do FGTS.

## Fundo de Garantia do Tempo de Serviço (FGTS)

### FGTS do Mês Anterior - 8%

Caso o valor correspondente a 8% (oito por cento) referente à remuneração do trabalhador do mês anterior à rescisão não tenha sido depositado, ele deve ser inserido em campo próprio no formulário: Guia de Recolhimento Rescisório do FGTS e da Contribuição Social (GRFC).

Normalmente acontece quando:

- No mês do desligamento, o trabalhador consta da Folha de Pagamento.

- O aviso prévio indenizado e a data de pagamento da rescisão do contrato de trabalho recaírem ("quando até o dia do recolhimento oficial da Folha de Pagamento o depósito não for efetuado, deve-se inserir num outro formulário (GRFC)") até o sétimo dia útil do mês subsequente ao da informação do desligamento.
- O trabalhador cumprir o aviso prévio trabalhando e o último dia recair até o sétimo dia útil do mês subsequente ao da informação da dispensa.

**FGTS da Rescisão - 8%**

Cálculo de 8% (oito por cento) sobre as verbas rescisórias que incidem para o cálculo do FGTS, com exceção da verba "Aviso Prévio Indenizado" com o resultado do cálculo em campo próprio da Guia de Recolhimento Rescisório do FGTS e da Contribuição Social.

## Aviso Prévio Indenizado

Cálculo de 8% (oito por cento) sobre o aviso prévio indenizado e inserido o resultado do cálculo em campo próprio da Guia de Recolhimento Rescisório do FGTS e da Contribuição Social.

**Multa Rescisória - 40%**

Cálculo de 40% (quarenta por cento) sobre o saldo da conta vinculada atualizada, FGTS do mês anterior, quando houver, do mês da rescisão e do aviso prévio indenizado, acrescido do resultado do cálculo inserido em campo próprio da Guia de Recolhimento Rescisório do FGTS e da Contribuição Social.

Esse valor atualizado do saldo da conta vinculada do FGTS é fornecido para o empregador por extrato para fins rescisórios pela Caixa Econômica Federal.

O empregador, depois de efetuar os cálculos e respectivos recolhimentos dos valores rescisórios, deve solicitar da Caixa Econômica Federal, pela Conectividade Social (convênio), a "chave de identificação do trabalhador".

A chave de identificação do trabalhador consiste em um número de acesso que o empregador recebe pelo convênio, entregue para o trabalhador no ato da homologação da rescisão do contrato de trabalho.

Pela Conectividade Social é o empregador que dá "entrada" no FGTS e não mais o trabalhador que, após a homologação, se dirigia à Caixa Econômica Federal para esse fim. O trabalhador somente precisa aguardar cinco dias úteis para receber os depósitos da sua conta vinculada.

O Departamento de Pessoal deve anotar o número da chave de identificação do trabalhador no Termo de Rescisão de Contrato de Trabalho (TRCT).



# Prazos de Pagamento

Conforme o Art. 477, §6º, o pagamento da rescisão do contrato de trabalho deve ser feito da seguinte forma:

- Até o primeiro dia útil seguinte ao término do contrato de trabalho, quando a rescisão for sem justa causa e houver aviso prévio trabalhado, contrato por prazo determinado ou contrato de experiência.
- Até o décimo dia, contado da data da notificação da dispensa, quando for aviso prévio indenizado, pedido de demissão, ou quando o trabalhador for dispensado do seu cumprimento.

Conforme o §8º, caso o empregador não cumpra os prazos determinados, fica sujeito ao pagamento de uma multa para o trabalhador no valor correspondente a um salário nominal (último salário-base).

**Exemplo**

## Termo de Rescisão do Contrato de Trabalho[20]

| 01 CNPJ /CEI | 02 Razão social / Nome |
|---|---|
| 99.999.999/0001-99 | EMPRESA EXEMPLO DP LTDA. |

| 03 Endereço completo | 04 Bairro |
|---|---|
| RUA DOS LIVROS, 1234 | CENTRO |

| 05 Município | 06 UF | 07 CEP | 08 CNAE | 09 CNPJ Obra |
|---|---|---|---|---|
| SÃO PAULO | SP | 9999199 | 99999 | |

| 10 PIS / PASEP | 11 Nome |
|---|---|
| 99999999999 | ELIVAN DOS ANDES |

| 12 Endereço completo | 13 Bairro |
|---|---|
| RUA DA CORDILHEIRA, 9999 | JD. DO CENTRO |

| 14 Município | 15 UF | 16 CEP | 17 CTPS / Série |
|---|---|---|---|
| SÃO PAULO | SP | 9999999 | 999999 /190 |

| 18 CPF | 19 Data de nascimento | 20 Nome da mãe |
|---|---|---|
| 99999999-99 | 14.02.1969 | MARILINDA CAMILA |

| 21 Remuneração | 22 Admissão | 23 Aviso Prévio | 24 Afastamento |
|---|---|---|---|
| 880,00 / mês | 02.02.2010 | 10.05.2010 | 10.05.2010 |

| 25 Causa do afastamento | 26 Cód. Afastamento | 27 Pensão alim. (%) | 28 Cat. Trabalhista |
|---|---|---|---|
| DISPENSA SEM JUSTA CAUSA | 01 | | 01 |

**DISCRIMINAÇÃO DAS VERBAS RESCISÓRIAS**

| Vencimentos | Ref. | Valor | Descontos | Ref. | Valor |
|---|---|---|---|---|---|
| 1 - Saldo de Salário | 10 | 293,33 | 8 - INSS | | 105,60 |
| 2 - Aviso Prévio Indenizado | 30 | 880,00 | 9 - INSS sobre 13º Salário | | 17,60 |
| 3 - Férias proporcionais | 3/12 | 220,00 | 10 - Assistência Médica | | 30,00 |
| 4 - Férias indenizadas | 1/12 | 73,33 | 11 - Cesta Básica | | 11,00 |
| 5 - 1/3 sobre Férias (CF) | - | 97,78 | | | |
| 6 - 13º Salário | 3/12 | 220,00 | | | |
| 7 - 13º Salário indenizado | 1/12 | 73,33 | | | |
| **TOTAL BRUTO** | | **1.857,77** | **TOTAL DE DESCONTOS** | | **164,20** |
| | | | **TOTAL LÍQUIDO ►►►►** | | **1.693,57** |

| 56 Local e data do recebimento | 57 Carimbo e assinatura do empregador / preposto |
|---|---|
| | |

| 58 Assinatura do trabalhador | 59 Assinatura do responsável do trabalhador |
|---|---|
| | |

| 60 HOMOLOGAÇÃO | 61 Digital do trabalhador | 62 Digital do responsável |
|---|---|---|
| Foi prestada, gratuitamente, assistência ao trabalhador, nos termos do art. 477, parágrafo 1º, da Consolidação das Leis do Trabalho (CLT), sendo comprovado, neste ato, o efetivo pagamento das verbas rescisórias acima especificadas.<br><br>____________<br>Local e data<br><br>____________<br>Carimbo e assinatura do assistente | | |

| 63 Identificação do órgão homologador | 64 Recepção pelo banco (data e carimbo) |
|---|---|
| | |

[20] Tabela do INSS e Imposto de Renda vigente no mês do respectivo cálculo.

## Homologação da Rescisão do Contrato de Trabalho

O empregador deve formalizar, de maneira bem detalhada, todas as verbas da rescisão do contrato de trabalho (Art. 477 §2º) por meio de documento aprovado pela Instrução Normativa do STN nº 2/92, conhecido como Termo de Rescisão de Contrato de Trabalho (TRCT).

No caso de trabalhador com período de trabalho:

- **Mais de um ano:** deve receber as verbas rescisórias com assistência do respectivo sindicato ou pela autoridade do Ministério do Trabalho pela Delegacia Regional do Trabalho (DRT), da localidade da empresa (Art. 477 §1º). Esta prática trabalhista é conhecida como "homologação".
- **Menos de um ano:** deve receber as verbas rescisórias na dependência da própria empresa.

### Documentos Necessários para a Homologação

O Departamento de Pessoal providencia alguns registros e documentos para que seja feita a quitação da situação do trabalhador na rescisão de contrato de trabalho.

Quando da homologação, seja na empresa, no sindicato ou na Delegacia Regional do Trabalho (DRT), existem documentos legais necessários para essa formalização:

- Carteira de trabalho devidamente registrada com a data do último dia trabalhado do trabalhador;
- Atualização da ficha ou livro de registro de empregados com a respectiva data de desligamento do trabalhador;
- Aviso prévio da rescisão;
- Carta de pedido de demissão por parte do trabalhador;
- Termo de rescisão de Contrato de Trabalho (TRCT) preenchido em quatro vias;

- Guia de Recolhimento Rescisório do FGTS e da Contribuição Social (GRFC) devidamente autenticada pela Caixa Econômica Federal;
- Chave de identificação do trabalhador na Caixa Econômica Federal para a movimentação dos depósitos na conta vinculada do FGTS;
- Extrato atualizado dos depósitos na conta vinculada do FGTS;
- Atestado médico demissional (ASO);
- Comunicação de dispensa com o requerimento do seguro--desemprego devidamente preenchido cujo número deve ser anotado na carteira de trabalho do trabalhador.

O valor líquido das verbas rescisórias, na data da quitação da rescisão, deve estar disponibilizado para o trabalhador em dinheiro ou cheque visado ou administrativo.

Em ambos os casos, é livre de qualquer compensação bancária[21] para o trabalhador, e cabe ao empregador restrições legais quanto ao prazo de pagamento da rescisão do contrato de trabalho.

## Comunicação do Desligamento do Trabalhador

O empregador deve comunicar ao trabalhador a sua dispensa por documento no qual conste data, horário e o local certo da realização da homologação. Ambas as partes devem comparecer para quitar o procedimento.

Caso o trabalhador não compareça na data e horário previstos, é importante que o empregador solicite ao órgão de homologação (Sindicato ou DRT) as observações no verso do Termo de Rescisão de Contrato de Trabalho (TRCT) para comprovar que cumpriu os prazos de pagamento.y

---

[21] Quando o trabalhador precisar depositar o cheque numa conta-corrente para recebê-lo em outro dia.

Para o trabalhador menor de 18 anos, é imprescindível o comparecimento do responsável legal no ato da homologação, o qual se responsabilizará pela quitação.

Quanto à rescisão por motivo de falecimento do trabalhador, as verbas rescisórias devem ser quitadas por representante legalmente reconhecido.

No que se refere à rescisão por iniciativa do trabalhador, este formaliza por meio de documento escrito os motivos da sua decisão.

Os documentos devem ser elaborados e assinados em duas vias (empregador e trabalhador).

**Modelo**

**Registro em Carteira de Trabalho e Previdência Social**

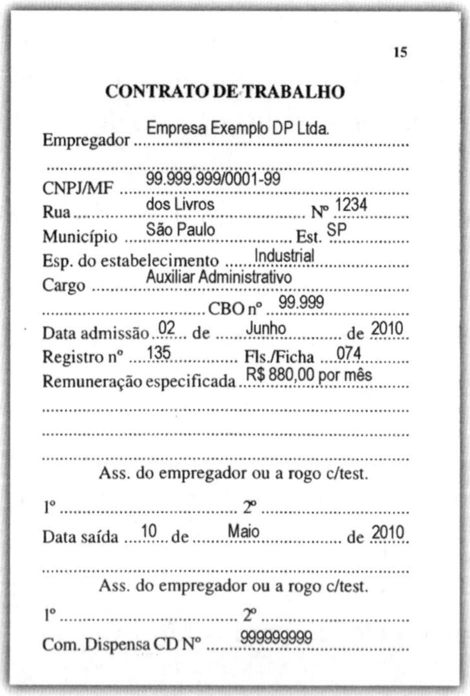
15

CONTRATO DE TRABALHO

Empregador Empresa Exemplo DP Ltda.

CNPJ/MF 99.999.999/0001-99
Rua dos Livros Nº 1234
Município São Paulo Est. SP
Esp. do estabelecimento Industrial
Cargo Auxiliar Administrativo
CBO nº 99.999
Data admissão 02 de Junho de 2010
Registro nº 135 Fls./Ficha 074
Remuneração especificada R$ 880,00 por mês

Ass. do empregador ou a rogo c/test.

1º ... 2º ...
Data saída 10 de Maio de 2010

Ass. do empregador ou a rogo c/test.

1º ... 2º ...
Com. Dispensa CD Nº 999999999

No caso de rescisão do Contrato de Trabalho, anotar a **Data de Saída** e o **número do Seguro-Desemprego**.

**Modelo**

## Registro em Ficha/Livro

(NOME DA FIRMA)

Empresa Exemplo DP Ltda

NÚMERO DE ORDEM **074**

Autenticação

### REGISTRO DE EMPREGADO

Nome do Empregado Elivan dos Andes

Endereço Rua da Cordilheira, nº 9999 Fone 9999-9999

CIC 999.999.999-99 Idade XX anos - Nascimento 01 / 01 / XXXX

Local São Paulo Estado Civil Solteiro Nacionalidade Brasileiro

Grau de Instrução 2º Grau Completo

Foto 3x4

Cor ___ Cabelo ___

Barba ___ Bigode ___

Olhos ___

Altura ___

Peso ___

Data da Admissão 02 / 02 / 2010 - Função de Aux. Administrativo

Filiado ao Sindicato ___

Admitido na Função de Aux. Administrativo Código CBO XX.XXX

Salário R$ 880,00 Forma de Pagamento Mensal Horário de Trabalho

Das 08 às 17 horas – com intervalo de 1 horas para refeição - descanso.

**FILIAÇÃO** Nome do Pai Antonio José

Nacionalidade Brasileiro Nome da Mãe Maria José

Nacionalidade Brasileira Beneficiários Os pais

**DOCUMENTOS** Carteira Profissional N. 9999 Série 999 Carteira de Menor N. ___ Série ___ Carteira Trabalhador Rural N. ___

Série ___ Órgão Emissor SSP/SP Previdência Social ___ Certificado Reservista N. XXXXXXXXXX Categoria XX

Espécie ___ Título de Eleitor N. 9999999999 Zona XX Carteira Habilitação N. XXXXXXX Profissional [X] Amador [ ]

**QUANDO ESTRANGEIRO** Cart. Modelo 19 N. ___ Registro Geral N. ___ Casado com brasileira? ___ Nome do cônjuge ___

Tem filhos brasileiros? ___ Quantos? ___ Data da chegada ao Brasil ___ Naturalizado? ___ Decreto N. ___

**FGTS** Opção em 02 / 02 / 2010

Data da Retratação ___ / ___ /

Conta vinculada no Banco Caixa econômica federal

**PIS-PASEP** Cadastrado em 01 / 07 / XXXX

Sob N. 9999999 - Banco do mundo

- Código Agência XXX

Endereço Banco Rua ...

**RESCISÃO** Data da Saída 10 / 05 / 2010

N. da Homologação ___ Órgão onde foi feita a Homologação ___

OBSERVAÇÕES

ASSINATURA NA OCASIÃO DA ADMISSÃO — ASSINATURA EMPREGADO

Recebi os seguintes documentos que me pertencem

Data ___ / ___ /

ASSINATURA EMPREGADO

Polegar Direito

TH 1.180

No caso de rescisão do Contrato de Trabalho, anotar a **Data de Saída** e o **órgão de homologação**.

### 1 - Rescisão Sem Justa Causa com Aviso Prévio Indenizado

Local e data

Sr(a) ______________________________

Comunicamos que, por motivos (mencionar o motivo) o(a) sr(a) está sendo dispensado(a) de suas atividades nesta data, sendo que o aviso prévio será indenizado conforme o Art. 487 § 1º da CLT.

Assim sendo, solicitamos o seu comparecimento ao Departamento de Pessoal para tratar da regularização da sua situação e de seus direitos trabalhistas.

Informamos que a homologação da rescisão do contrato de trabalho será: ________________________________________________

* Órgão de homologação (Sindicato, Delegacia Regional do Trabalho (DRT) ou na própria empresa), endereço, data e horário.

Atenciosamente　　　　　　　　Ciente ___/___/___

________________________　　　　　　________________________

Empresa　　　　　　　　Trabalhador ou responsável no caso de menor.

Local e data

Sr(a) ______________________________

Comunicamos que, por motivos (mencionar o motivo) o(a) sr(a) está sendo dispensado(a) de suas atividades nesta data, sendo que o aviso prévio será trabalhado no período:

____ / ____ / ____ até ____ / ____ / ____

Este período pode ser reduzido conforme a sua opção:

( ) 2 horas diárias (início ou final da jornada)

( ) 7 dias corridos (no final do período de aviso)

Assim sendo, no término do aviso prévio, solicitamos o seu comparecimento ao Departamento de Pessoal para tratar da regularização da sua situação e de seus direitos trabalhistas.

Informamos que a homologação da rescisão do contrato de trabalho será: ______________________________

* Órgão de homologação (Sindicato, Delegacia Regional do Trabalho (DRT) ou na própria empresa), endereço, data e horário.

Atenciosamente

Ciente ___/___/___

______________________________ ______________________________

Empresa

Trabalhador ou responsável no caso de menor.

## 3 - Término do Contrato de Experiência

Local e data

Sr(a) ______________________________

Comunicamos que nesta data, encerra-se o seu contrato de experiência, o qual não será renovado.

Assim sendo, solicitamos o seu comparecimento ao Departamento de Pessoal para tratar da regularização da sua situação e de seus direitos trabalhistas.

Informamos que o acerto das verbas rescisórias será feito no dia: ___/___/___ às ____ horas no próprio Departamento de Pessoal da empresa.

| Atenciosamente | Ciente ___/___/___ |
|---|---|
| ______________________________ | ______________________________ |
| Empresa | Trabalhador ou responsável no caso de menor. |

Local e data

Sr(a) ____________________________

Comunicamos que nesta data, encerra-se o seu contrato de trabalho por prazo determinado:

Início: ___/___/___

Término: ___/___/___

Assim sendo, solicitamos o seu comparecimento ao Departamento de Pessoal para tratar da regularização da sua situação e de seus direitos trabalhistas.

Informamos que a homologação da rescisão do contrato de trabalho será: ____________________________________________________________

* Órgão de homologação (Sindicato, Delegacia Regional do Trabalho (DRT) ou na própria empresa), endereço, data e horário.

Atenciosamente Ciente ___/___/___

________________________________ ________________________________

Empresa Trabalhador ou responsável no caso de menor.

## 5 - Rescisão por Justa Causa

Local e data

Sr(a) ______________________________

Comunicamos que nesta data, o seu contrato de trabalho está sendo rescindido por justa causa conforme o Art. 482 da CLT, alínea ____, pelo(s) motivo(s):

________________________________________________________________________________

________________________________________________________________________________

(detalhar o(s) motivo(s), para esclarecimento do trabalhador)

Assim sendo, solicitamos o seu comparecimento ao Departamento de Pessoal para tratar da regularização da sua situação e de seus direitos trabalhistas.

Informamos que a homologação da rescisão do contrato de trabalho será:

________________________________________________________________________________

* Órgão de homologação (Sindicato, Delegacia Regional do Trabalho (DRT) ou na própria empresa), endereço, data e horário.

Atenciosamente                                        Ciente ___/___/___

_________________________________          _________________________________

Empresa                                        Trabalhador ou responsável no caso de menor.

### 6 - Pedido de Demissão (Cumprindo Aviso Prévio)

É o trabalhador que redige o documento.

Local e data

À (nome da empresa)

Aos cuidados do(a) Sr(a) ____________________________

Comunico que nesta data estou solicitando o meu desligamento do quadro de funcionários desta empresa pelo(s) motivo(s):

_______________________________________________________________________

_______________________________________________________________________

(detalhar o(s) motivo(s) para esclarecimento do empregador)

Informo que cumprirei o aviso prévio trabalhando.

Atenciosamente | Ciente ___/___/___

_____________________________________ | _____________________________

Trabalhador ou responsável no caso de menor. | Empresa

No caso de pedido de demissão, o Departamento de Pessoal informa ao trabalhador a regularização da situação e direitos trabalhistas, bem como local, endereço, data e hora para a quitação das verbas rescisórias.

## 7 - Pedido de Demissão (Solicitando o Não Cumprimento do Aviso Prévio)

É o trabalhador que redige o documento.

Local e data

À (nome da empresa)

Aos cuidados do(a) Sr(a) ______________________________

Comunico que nesta data estou solicitando o meu desligamento do quadro de funcionários desta empresa pelo(s) motivo(s):

_______________________________________________________________

_______________________________________________________________

(detalhar o(s) motivo(s) para esclarecimento do empregador)

Solicito a dispensa do cumprimento do aviso prévio trabalhado.

Atenciosamente                Ciente ___/___/___

_______________________________          _______________________________

Trabalhador ou responsável no caso de menor.          Empresa

No caso de pedido de demissão, o Departamento de Pessoal informa ao trabalhador a regularização da situação e direitos trabalhistas, bem como local, endereço, data e hora para a quitação das verbas rescisórias.

Cabe ao empregador atender ou não à solicitação da dispensa do cumprimento do aviso prévio trabalhado.

# Seguro-Desemprego

O trabalhador dispensado sem justa causa tem direito ao seguro-desemprego (Leis nº 7.998/90 e 8.900/94), concedido por tempo limitado, desde que o vínculo empregatício com pessoa jurídica comprove:

- que recebeu salários nos últimos seis meses de trabalho, antes da data do desligamento;
- que não recebe nenhum benefício previdenciário;
- que não é beneficiário de auxílio contra o desemprego ou assistência aos desempregados (Lei nº 4.923/65).

O Departamento de Pessoal preenche o formulário padronizado "Comunicação de Dispensa (CD)" e entrega para o trabalhador na data da homologação, junto com os demais registros e documentos.

## Tabela de Incidências

| **Verbas trabalhistas** | **INSS** | **IR** | **FGTS** |
|---|---|---|---|
| Abono de Férias + 1/3 Constitucional | Não | Não | Não |
| Abono de Qualquer Natureza (exceto férias) | Sim | Sim | Sim |
| Adicional de Insalubridade | Sim | Sim | Sim |
| Adicional de Periculosidade | Sim | Sim | Sim |
| Adicional de Transferência | Sim | Sim | Sim |
| Adicional Noturno | Sim | Sim | Sim |
| Ajuda de Custo | Não | Não | Não |
| Alimentação (sem adesão P.A.T.) | Sim | Não | Sim |
| Alimentação (com adesão P.A.T.) | Não | Não | Não |
| Auxílio Enfermidade (primeiros 15 dias) | Sim | Sim | Sim |
| Aviso Prévio Trabalhado | Sim | Sim | Sim |
| Aviso Prévio Indenizado | Sim | Não | Sim |
| Bolsa de Estudos | Sim | Sim | Sim |
| Bolsa de Estudos - Estagiários | Não | Sim | Não |
| Comissões | Sim | Sim | Sim |
| Décimo Terceiro Salário - 1ª parcela | Não | Não | Sim |

| Verbas trabalhistas | INSS | IR | FGTS |
|---|---|---|---|
| Décimo Terceiro Salário - 2ª parcela | Sim | Sim | Sim |
| Décimo Terceiro Salário - Rescisão Contrato | Sim | Sim | Sim |
| Décimo Terceiro Salário - 1/12 Aviso Indenizado | Sim | Sim | Sim |
| Descanso Semanal Remunerado (DSR) | Sim | Sim | Sim |
| Diárias de Viagens (até 50%) | Não | Não | Não |
| Diárias de Viagens (acima de 50%) | Sim | Sim | Sim |
| Férias + 1/3 (gozadas) | Sim | Sim | Sim |
| Férias Indenizadas + 1/3 Constitucional | Não | Sim | Não |
| Férias (parcela referente à dobra) | Não | Sim | Não |
| Gorjetas | Sim | Sim | Sim |
| Gratificações | Sim | Sim | Sim |
| Horas Extras | Sim | Sim | Sim |
| Indenização Lei nº 7.238/84 (art.9º) - Data Base | Não | Não | Não |
| Indenização (art. 479 da CLT) | Não | Não | Não |
| Participação nos Lucros e Resultados (PLR) | Não | Sim | Não |
| Prêmios | Sim | Sim | Sim |
| Pró-Labore | Sim | Sim | Sim |
| Quebra de Caixa | Sim | Sim | Sim |
| Reembolso de Quilometragem | Sim | Sim | Sim |
| Salário | Sim | Sim | Sim |
| Salário-Educação | Não | Sim | Não |
| Salário-Família | Não | Não | Não |
| Salário-Maternidade | Sim | Sim | Sim |
| Vale-Transporte | Não | Não | Não |

**MINISTÉRIO DO TRABALHO E EMPREGO**
**Requerimento de Seguro-Desemprego - SD** 1 948 278747

2 NOME

3 NOME DA MÃE

4 ENDEREÇO (RUA,NÚMERO,APTO,BAIRRO/DISTRITO, ETC)

COMPLEMENTO DO ENDEREÇO | CEP | UF | TELEFONE

5 PIS/PASEP/NIT | 6 CARTEIRA DE TRABALHO E PREVIDÊNCIA SOCIAL: NÚMERO, SÉRIE, UF | 7 CPF

8 TIPO INSCRIÇÃO 1 - CNPJ 2 - CEI(INSS) | 9 CNPJ OU CEI(INSS) | 10 ATIV ECONÔMICA

11 CBO | OCUPAÇÃO

1ª Via: Posto de Atendimento MTE

Carimbo padronizado CNPJ(MF) ou CEI(INSS)

12 DATA ADMISSÃO (DIA, MÊS, ANO) | 13 DATA DISPENSA (DIA, MÊS, ANO) | 14 SEXO 1 - MASCULINO 2 - FEMININO | 15 GRAU DE INSTRUÇÃO | 16 DATA NASCIMENTO (DIA, MÊS, ANO) | 17 HORAS TRABALHADAS POR SEMANA

18 MÊS | ANTEPENÚLTIMO SALÁRIO | MÊS | PENÚLTIMO SALÁRIO | MÊS | ÚLTIMO SALÁRIO

19 SOMA DOS TRÊS ÚLTIMOS SALÁRIOS | 20 DOMICÍLIO BANCÁRIO: BANCO, AGÊNCIA | 21 QUANTIDADE DE MESES TRABALHADOS COM VÍNCULO EMPREGATÍCIO NOS ÚLTIMOS 36 MESES | MESES

22 RECEBEU SALÁRIOS EM CADA UM DOS ÚLTIMOS SEIS MESES 1 - SIM 2 - NÃO | 23 AVISO PRÉVIO INDENIZADO 1 - SIM 2 - NÃO

RESERVADO PARA PREENCHIMENTO DO POSTO DE ATENDIMENTO DO SEGURO DESEMPREGO

DATA DO REQUERIMENTO (DIA, MÊS, ANO) | CÓDIGO DA DISPENSA

RECISÃO CONTRATUAL QUITADA 1 - SIM 2 - NÃO | MOTIVO DO CANCELAMENTO

NÚMERO DO POSTO | INSC. AUTORIZADA

ASSINATURA E CARIMBO DO FUNCIONÁRIO CREDENCIADO

ASSINATURA E CARIMBO DO EMPREGADOR

**DECLARAÇÃO** 278747

Declaro, sob penas previstas na legislação, que:

I - fui dispensado sem justa causa, estou desempregado e caso eu venha a conseguir outro emprego enquanto estiver recebendo Seguro-Desemprego, avisarei a um Posto de Atendimento do Seguro-Desemprego;

II - não possuo renda própria de qualquer natureza, suficiente à manutenção pessoal e de minha família;

III - não estou em gozo de benefício de prestação continuada da Previdência Social, exceto o auxílio-acidente e pensão por morte;

IV - estou ciente que a recusa, sem justificativa, de um emprego compatível com a ocupação e salário anterior cancelará o meu benefício;

V - conheço as condições para receber o benefício e em caso de recebimento indevido comprometo-me a devolvê-lo ao FAT;

VI - as informações acima citadas são verdadeiras.

Nestes termos, requeiro a concessão do benefício Seguro-Desemprego.

POLEGAR DIREITO

/ /

LOCAL E DATA | ASSINATURA DO TRABALHADOR

Primeira via - verde - frente

**MINISTÉRIO DO TRABALHO E EMPREGO**
**Comunicação de Dispensa - CD** 1 948 278747

2 NOME

3 NOME DA MÃE

4 ENDEREÇO (RUA,NÚMERO,APTO,BAIRRO/DISTRITO, ETC)

COMPLEMENTO DO ENDEREÇO | CEP | UF | TELEFONE

5 PIS/PASEP/NIT | 6 CARTEIRA DE TRABALHO E PREVIDÊNCIA SOCIAL: NÚMERO, SÉRIE, UF | 7 CPF

8 TIPO INSCRIÇÃO 1 - CNPJ 2 - CEI(INSS) | 9 CNPJ OU CEI(INSS) | 10 ATIV ECONÔMICA

11 CBO | OCUPAÇÃO

2ª Via: Trabalhador

Carimbo padronizado CNPJ(MF) ou CEI(INSS)

12 DATA ADMISSÃO: DIA, MÊS, ANO | 13 DATA DISPENSA: DIA, MÊS, ANO | 14 SEXO 1 - MASCULINO 2 - FEMININO | 15 GRAU DE INSTRUÇÃO | 16 DATA NASCIMENTO: DIA, MÊS, ANO | 17 HORAS TRABALHADAS POR SEMANA

18 MÊS | ANTEPENÚLTIMO SALÁRIO | MÊS | PENÚLTIMO SALÁRIO | MÊS | ÚLTIMO SALÁRIO

19 SOMA DOS TRÊS ÚLTIMOS SALÁRIOS | 20 DOMICÍLIO BANCÁRIO: BANCO, AGÊNCIA | 21 QUANTIDADE DE MESES TRABALHADOS COM VÍNCULO EMPREGATÍCIO NOS ÚLTIMOS 36 MESES: MESES

22 RECEBEU SALÁRIOS EM CADA UM DOS ÚLTIMOS SEIS MESES 1 - SIM 2 - NÃO | 23 AVISO PRÉVIO INDENIZADO 1 - SIM 2 - NÃO

RESERVADO PARA PREENCHIMENTO DO POSTO DE ATENDIMENTO DO SEGURO DESEMPREGO

DATA DO REQUERIMENTO: DIA, MÊS, ANO | CÓDIGO DA DISPENSA

RECISÃO CONTRATUAL QUITADA 1 - SIM 2 - NÃO | MOTIVO DO CANCELAMENTO

NÚMERO DO POSTO

ASSINATURA E CARIMBO DO FUNCIONÁRIO CREDENCIADO

ASSINATURA E CARIMBO DO EMPREGADOR

DESTACAR (Protocolo do Empregador)

**MINISTÉRIO DO TRABALHO E EMPREGO**
**Comunicação de Dispensa - CD** 1 948 278747

PIS/PASEP/NIT

NOME

RECEBI DE (firma ou razão social) ______

2 (DUAS) VIAS DO REQUERIMENTO DO BENEFÍCIO DO SEGURO-DESEMPREGO.

POLEGAR DIREITO

/ /

LOCAL E DATA

ASSINATURA DO TRABALHADOR

Segunda via - marrom - frente

Empregador(es) dos últimos 36 (trinta e seis) meses (em ordem decrescente). Ver instrução QUADRO 21 e VERSO DA 2ª VIA

| CNPJ ou CEI(INSS) da Empresa | Data Admissão | Data Demissão | Aviso Prévio Indenizado? |
|---|---|---|---|
| | | | ( ) SIM ( ) NÃO ( ) N. INF |
| | | | ( ) SIM ( ) NÃO ( ) N. INF |
| | | | ( ) SIM ( ) NÃO ( ) N. INF |
| | | | ( ) SIM ( ) NÃO ( ) N. INF |
| | | | ( ) SIM ( ) NÃO ( ) N. INF |
| | | | ( ) SIM ( ) NÃO ( ) N. INF |
| | | | ( ) SIM ( ) NÃO ( ) N. INF |
| | | | ( ) SIM ( ) NÃO ( ) N. INF |
| | | | ( ) SIM ( ) NÃO ( ) N. INF |
| | | | ( ) SIM ( ) NÃO ( ) N. INF |

Preenchimento obrigatório pelo Posto de Atendimento.

Primeira via - verde - verso

## INSTRUÇÕES PARA O TRABALHADOR

**COMO REQUERER O SEU SEGURO-DESEMPREGO:**

**ATENÇÃO:** Você está recebendo o requerimento do Seguro-Desemprego e a Comunicação de Dispensa. Os dois documentos são necessários para requerer o Seguro-Desemprego. Confira todas as informações, não rasure nem rasgue. Em caso de reclamações ou dúvidas procure um Posto de Atendimento do Seguro-Desemprego.

**VOCÊ TERÁ DIREITO AO SEGURO-DESEMPREGO SE:**

- Foi dispensado sem justa causa ou teve a dispensa indireta.
- Estiver desempregado no ato da entrega do requerimento ao Posto de Atendimento do Seguro-Desemprego.
- Trabalhou para pessoa física equiparada a jurídica com vínculo empregatício pelo menos 6 (seis) meses nos últimos 36 (trinta e seis) meses que antecedem a data de dispensa (quadro 21).
- Recebeu salários consecutivos de um ou mais empregadores, no período de 6 (seis) meses imediatamente anteriores a data de dispensa (quadro 22).

**PRAZO: Você terá de 7 (sete) a 120 (cento e vinte) dias, após a rescisão do contrato de trabalho para requerer o seu Seguro-Desemprego.**

Dirija-se com os dois formulários (via verde e marrom); Carteira de Trabalho e Previdência Social; cartão ou extrato do PIS/PASEP atualizado ou Cartão Cidadão; Documento de Identificação (Carteira de Identidade ou Certidão de Nascimento ou Certidão de Casamento com protocolo de requerimento da identidade; Carteira Nacional de Habilitação (modelo novo); Carteira de Trabalho (modelo novo); Passaporte; Certidão de Reservista (homens) ou Carteira de Identificação do Conselho de Classe); 2 (dois) últimos contracheques e Rescisão Contratual Quitada (TRCT) e Comprovante de Pagamento do Fundo de Garantia por Tempo de Serviço (CPFGTS) ou extrato analítico, a um Posto de Atendimento do Seguro-Desemprego. O funcionário do Posto de Atendimento irá conferir os dados, solicitar sua assinatura e carimbar os formulários devolvendo a via marrom a você. Guarde-a com cuidado, pois é o único comprovante de que você requereu o benefício. A via verde ficará arquivado no Posto de Atendimento.

**O FORMULÁRIO MARROM SÓ TERÁ VALIDADE SE FOR CARIMBADO PELO POSTO DE ATENDIMENTO DO SEGURO-DESEMPREGO.**

**COMO RECEBER O SEU SEGURO-DESEMPREGO:**

**Você só poderá receber cada parcela do Seguro-Desemprego se estiver desempregado e sem condições para seu sustento e de sua família;**
***Entre 30 e 45 dias após a data que você requereu o benefício, dirija-se a qualquer agência da Caixa Econômica Federal com os seguintes documentos:***
**1. Cartão do PIS/PASEP ou extrato atualizado ou Cartão Cidadão;**
**2. Documento de Identificação**
**Você apresentará os documentos ao servidor do banco, que lhe dará a resposta do Ministério do Trabalho e Emprego sobre o seu requerimento de Seguro-Desemprego. Se não tiver sido aprovado e você não concordar, dirija-se a um Posto de Atendimento do Seguro-Desemprego para maiores esclarecimentos e devidas providências. Se tiver sido aprovado, você receberá o pagamento e terá sua Carteira de Trabalho e Previdência Social anotada pelo caixa. Em caso de recebimento do benefício nas casas lotéricas ou nos correspondentes bancários credenciados denominados CAIXA AQUI (padarias, farmácias, mercearia e etc), basta a apresentação do CARTÃO CIDADÃO.**

Você poderá receber de 3 (três) a 5 (cinco) parcelas a cada 16 (dezesseis) meses.
As parcelas estarão no banco à sua disposição sempre de 30 em 30 dias e permanecerão na agência por um período máximo de 60 dias.

**LEMBRETES IMPORTANTES:**

- Se você conseguir um novo emprego enquanto estiver recebendo o benefício, estará obrigado a comunicar a um Posto de Atendimento do Seguro-Desemprego.

Segunda via - marrom - verso

# Exercícios

1. De que forma o Departamento de Pessoal facilita suas atividades com relação ao FGTS dos trabalhadores e à Caixa Econômica Federal (CEF)?

2. Explique o que significa "multa rescisória". Qual a implicação para o empregador?

3. O que é conta vinculada do trabalhador?

4. O trabalhador pode sacar os depósitos do FGTS para pagamento de prestações da casa própria? Explique.

5. O que significa "advertência e suspensão disciplinar"?

**6.** Cite três motivos para uma rescisão por "justa causa" conforme o Art. 482 da CLT.

---

---

---

**7.** Cite os tipos de rescisão do contrato de trabalho que você conhece.

---

---

---

**8.** Na rescisão do contrato de trabalho, quando ocorre o evento "aviso prévio indenizado"?

---

---

---

**9.** Quando ocorre o pagamento de férias na rescisão?

---

---

---

---

**10.** Como calcular o 13º salário na rescisão? Consideram-se os adicionais? Como?

---

---

---

---

11. Quais os prazos legais para o pagamento da rescisão do contrato de trabalho para o trabalhador? Qual o procedimento que o Departamento de Pessoal deve adotar?

12. Quais os direitos do trabalhador dispensado sem justa causa com menos de um ano?



13. Qual é o procedimento do trabalhador que decide solicitar demissão?

14. Quais os direitos do trabalhador dispensado antes do término do contrato de experiência?

**15.** Calcule os direitos trabalhistas do trabalhador dispensado sem justa causa:

a) admissão: 12 de dezembro de 2005;

b) dispensa: 15 de março de 2010;

c) aviso prévio: de 15 de março de 2010 até 13 de abril de 2010;

d) salário: R$ 900,00 (mensalista);

e) não há adicionais.

| **Direitos do trabalhador** | **Valor** |
|---|---|
| Aviso prévio indenizado ____ dias | |
| Saldo de salário _____ dias | |
| Férias proporcionais ____ avos | |
| Férias indenizadas ____ avos | |
| 13º salário proporcional ____ avos | |
| 13º salário indenizado ____ avos | |

f) Mencione em seguida as incidências das verbas rescisórias:

| **Verbas rescisórias** | **INSS** | **I.R.** | **FGTS** |
|---|---|---|---|
| Aviso prévio indenizado | | | |
| Saldo de salário | | | |
| Férias proporcionais | | | |
| Férias indenizadas | | | |
| 13º salário proporcional | | | |
| 13º salário indenizado | | | |

# Estudo de Caso

A empresa de telemarketing começa a sentir as dificuldades de relacionamento entre chefe e subordinado e o resultado dos trabalhos não está adequado ao planejamento do negócio.

A administração decide rescindir o contrato de alguns trabalhadores e solicita ao Departamento de Pessoal que providencie os documentos legais. A única exigência da administração é que todos os trabalhadores conheçam com antecedência os seus direitos trabalhistas.

O Departamento de Pessoal recebeu a relação dos trabalhadores:

| | Nome | Cargo | Tempo de casa |
|---|---|---|---|
| 1 | Valdir | Operador | 11 meses |
| 2 | Marilza | Auxiliar | 2 anos |
| 3 | Jéferson | Operador | 6 meses |
| 4 | Odair | Operador | 3 anos e 4 meses |

Quais são os direitos trabalhistas de cada trabalhador da empresa de telemarketing?

# 11

# OBRIGAÇÕES TRABALHISTAS

•••

Entre as atribuições do Departamento de Pessoal inclui-se o cumprimento das obrigações trabalhistas perante os órgãos que regulamentam a relação entre o empregador e o trabalhador. Essas obrigações estão inseridas nas responsabilidades do Departamento de Pessoal, que deve estar sempre atento ao cumprimento eficaz das determinações da legislação trabalhista.

# Mensais

## INSS (GPS)

O empregador deve recolher as contribuições relativas à Previdência Social de acordo com o seguinte cronograma:

| | |
|---|---|
| **1** - remuneração, férias gozadas e 1/3 constitucional | (***verificar o calendário do INSS***) |
| **2** - contribuição individual (carnês), inclusive de empregada doméstica | (***verificar o calendário do INSS***) |
| **3** - 13º salário pago em rescisão | (***verificar o calendário do INSS***) |
| **4** - 13º salário (gratificação de Natal) | (***verificar o calendário do INSS***). |

(*www.mpas.gov.br*)



## FGTS (GFIP/GRFC)

O empregador deve recolher até o dia 7 do mês subsequente, em documento padronizado (Guia de Recolhimento do FGTS e Informações à Previdência (GFIP)), a parcela incidente sobre a remuneração de cada trabalhador no mês (Lei 8.036/90).

No caso de rescisão de contrato de trabalho, recolher até dez dias da data da dispensa em documento padronizado (Guia de Recolhimento Rescisório do FGTS e da Contribuição Social (GRFC)).

Caso a empresa mantenha convênio com a Caixa Econômica Federal (Conectividade Social), efetuar o recolhimento conforme os procedimentos eletrônicos (*www.caixa.gov.br*).

## Cadastro Geral de Empregados e Desempregados (CAGED)

O empregador deve encaminhar ao Ministério do Trabalho até o dia 7 do mês subsequente, por meio de documento padronizado, a relação de admitidos e demitidos do mês (Lei nº 4.923/65).

O cadastro normalmente é feito pelo convênio com o Ministério do Trabalho e enviado pela Internet (*www.mte.gov.br*) com respectivo comprovante eletrônico de entrega.

## Imposto de Renda Retido na Fonte (DARF)

A parcela referente ao Imposto de Renda Retido descontado na Fonte deve ser recolhida no primeiro decêndio do mês subsequente ao fato gerador por meio de documento padronizado (Documento de Arrecadação a Receita Federal (DARF)), respeitando o código específico do recolhimento (*www.receita.fazenda.gov.br*).

## Comissão Interna de Prevenção contra Acidentes (CIPA)

O empregador é obrigado a constituir a Comissão Interna de Prevenção de Acidentes (CIPA), conforme as instruções do Ministério do Trabalho, nas dependências da empresa.

Cabe ao Ministério do Trabalho regulamentar as atribuições, a composição e o funcionamento das comissões, que será composta de representantes tanto do empregador quanto dos trabalhadores, de acordo com os critérios da legislação.

A comissão é composta por titulares e suplentes designados pelo empregador e dos trabalhadores por meio de eleição secreta, em data determinada para aqueles interessados em participar.

Para os trabalhadores que fazem parte da CIPA, cabe o mandato de um ano, não sendo permitida rescisão do contrato de trabalho para eles neste período, e permitida apenas uma reeleição.

Art. 10 do Ato das Disposições Transitórias da Constituição Federal - Até que seja promulgada a lei complementar a que se refere o Art. 7º, I, da Constituição:... II - fica vedada a dispensa arbitrária ou sem justa causa: a) do empregado eleito para cargo de direção de comissões internas de prevenção de acidentes, desde o registro de sua candidatura até um ano após o final de seu mandato.

## Programa de Controle Médico e Saúde Ocupacional (PCMSO)

Conforme os artigos 168 e 169 da CLT e a Norma Regulamentadora - NR nº 7, estabelece-se que o empregador deve realizar exames médicos:

- admissional dos trabalhadores antes que assumam suas atividades;
- periódicos;
- de retorno ao trabalho;
- mudança de cargo ou função;
- demissionais no dia em que ocorrer o fato.

O programa de caráter preventivo e diagnóstico dos agravos à saúde é de responsabilidade do empregador, que mantém sobre sua contratação um médico do trabalho, que acompanhará o plano de ação e relatórios específicos.

## Acidente de Trabalho

O empregador deve comunicar à Previdência Social, por meio do Comunicado de Acidente de Trabalho (CAT), os acidentes ocorridos nas dependências da empresa ou de trajeto até o 1º dia útil subsequente ao acontecido (*www.mte.gov.br*).

# 12

# Calendário de Atividades do Departamento de Pessoal

• • •

As atividades do Departamento de Pessoal seguem uma rotina burocrática estipulada pela legislação trabalhista, e que deve ser sistematizada para evitar esquecimentos.

Para a eficácia dos trabalhos, foi elaborado um calendário de atividades com o intuito de facilitar o acompanhamento mensal por parte do profissional responsável por administrar o Departamento de Pessoal da empresa onde trabalha.

# Janeiro

## Relação Anual de Informações Sociais (RAIS)

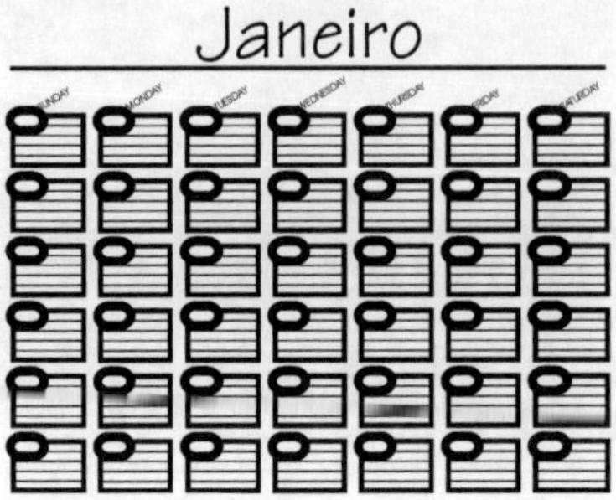


No prazo a contar do mês de janeiro deve ser declarada a RAIS, relativa à movimentação dos trabalhadores admitidos e demitidos durante o ano anterior, devidamente preenchida em documento padronizado do Ministério do Trabalho *(www.mte.gov.br)*.

## Contribuição Sindical do Empregador - Patronal

Recolher até o último dia útil do mês em guia de recolhimento específica.



# Fevereiro

## Informe de Rendimentos - Imposto de Renda Retido na Fonte

Conforme a Instrução Normativa SRF nº 120, de 28 de dezembro de 2000, o empregador deve registrar em documento (Informe de Rendimentos) as informações referentes às retenções ocorridas na Folha de Pagamento do trabalhador, mesmo que tenha sido num único mês (*www.receita.fazenda.gov.br*).

O documento deve ser entregue para o trabalhador até o dia 28 de fevereiro, a fim de que faça a sua declaração como pessoa física e cumpra a determinação da Receita Federal.

### Declaração de Imposto de Renda Retido na Fonte (DIRF)

Entregar a declaração relativa às informações sobre o Imposto de Renda Retido na Fonte de todos os trabalhadores do empregador durante o ano anterior. Trata-se de um relatório analítico (*www.receita.fazenda.gov.br*).

## Março

### Contribuição Sindical dos Empregados - Desconto

Desconto da Contribuição Sindical na Folha de Pagamento do trabalhador, equivalente a 1 (um) dia de trabalho, ao respectivo sindicato da categoria profissional, sendo ele associado ou não (artigos 578 e 579 da CLT e Art. 8º, IV da Constituição Federal de 1988).

## Abril

### Contribuição Sindical dos Empregados - Recolhimento

Recolher a contribuição sindical descontada dos trabalhadores em março.

## Maio

### Salário-Família - Documentos

Para o pagamento do salário-família o trabalhador deve apresentar:

- vacinação dos filhos menores de sete anos de idade;
- comprovante de frequência escolar dos filhos a partir dos sete anos de idade.

# Junho, Julho, Agosto, Setembro e Outubro

O Departamento de Pessoal deve verificar na norma coletiva de trabalho da empresa onde trabalha, se existe alguma obrigação diferenciada para estes meses.

# Novembro

### 13º Salário - Primeira Parcela

### Salário-Família - Documentos

Para o pagamento do salário-família o trabalhador deve apresentar o comprovante de frequência escolar dos filhos a partir dos sete anos de idade.

# Dezembro

### 13º Salário - Segunda Parcela

O empregador terá o prazo máximo legal até o dia 20 de dezembro para o pagamento da 2ª parcela do 13º salário para os trabalhadores.

# 13

# Acordo ou Convenção Coletiva de Trabalho



•••

A legislação que protege a relação entre empregador e trabalhador é uma ferramenta importante na busca do equilíbrio entre os interesses de ambos.

A representatividade por parte dos sindicatos (patronal e dos empregados) é mais uma ferramenta que contribui para o acesso das pessoas às decisões empresariais. Atualmente o trabalhador não é mais considerado um posto de trabalho e sim um parceiro, que investe seu tempo, seus conhecimentos e espera o reconhecimento por parte da empresa.

A empresa investe na contratação do trabalhador e espera também resultados para o seu negócio.

Com isso, cada vez mais os acordos ou convenções coletivas de trabalho vêm sendo formalizados conforme o espírito democrático que ambos os sindicatos se propõem a negociar. Não mais de maneira litigiosa e de confronto e sim de maneira a beneficiar a relação de emprego.

Art. 611 da CLT - Convenção Coletiva de Trabalho é o acordo de caráter normativo, pelo qual dois ou mais sindicatos representativos de categorias econômicas e profissionais estipulam condições de trabalho aplicáveis, no âmbito das respectivas representações, às relações individuais de trabalho.

§ 1º É facultado aos sindicatos representativos de categorias profissionais celebrar acordos coletivos com uma ou mais empresas da correspondente categoria econômica, que estipulem condições de trabalho, aplicáveis no âmbito da empresa ou das empresas acordantes às respectivas relações de trabalho.

§ 2º As federações e, na falta destas, as confederações representativas de categorias econômicas ou profissionais poderão celebrar convenções coletivas de trabalho para reger as relações das categorias a elas vinculadas, organizadas em sindicatos, no âmbito de suas representações.

Art. 612 da CLT - Os sindicatos só poderão celebrar convenções ou acordos coletivos de trabalho, por deliberação de Assembleia Geral especialmente convocada para esse fim.

> Art. 7º da Constituição Federal - São direitos dos trabalhadores... XXVI - reconhecimento das convenções e acordos coletivos de trabalho... Art. 114... § 1º Frustrada a negociação coletiva, as partes poderão eleger árbitros. § 2º Recusando-se qualquer das partes à negociação ou à arbitragem, é facultado aos respectivos sindicatos ajuizar dissídio coletivo, podendo a Justiça do Trabalho estabelecer normas e condições, respeitadas as disposições convencionais e legais mínimas de proteção ao trabalho.

"*O Direito coletivo do Trabalho é o ramo jurídico que estuda as normas e princípios das relações laborais dos trabalhadores, perante os empregados. Abrange a organização sindical e a representação dos empregados na empresa, os conflitos, aí incluída a greve, seus mecanismos de solução (negociação, arbitragem etc.) e suas composições autônomas (convenção ou acordo coletivos)... A Constituição exige a participação do sindicato na negociação coletiva.*" (CARRION, pp. 447 e 449, 2000).

# Anotações

# 14

# Justiça do Trabalho

•••

A Justiça do Trabalho é o órgão que decide as controvérsias existentes na relação de emprego. Quando não há alternativas saudáveis para um acordo que beneficie a relação entre o empregador e o trabalhador, cabe decisão por parte de juízes que farão as considerações sobre os fatos ocorridos. A conciliação é a ferramenta utilizada nos contenciosos trabalhistas individuais e coletivos.

Art. 109 da Constituição Federal - Aos juízes federais compete processar e julgar: I - as causas em que a União, entidade autárquica ou empresa pública federal forem interessadas na condição de autoras, rés, assistentes ou oponentes, exceto as de falência, as de acidente de trabalho e as sujeitas à Justiça do Trabalho.

Art. 114 da Constituição Federal - Compete à Justiça do Trabalho conciliar e julgar os dissídios individuais e coletivos entre trabalhadores e empregadores, abrangidos os entes de direito público externo e da administração pública direta e indireta dos Municípios, do Distrito Federal, dos Estados e da União, e, na forma da lei, outras controvérsias decorrentes da relação de trabalho, bem como os litígios que tenham origem no cumprimento de suas próprias sentenças, inclusive coletivas.

Art. 643 da CLT - Os dissídios, oriundos das relações entre empregados e empregadores, bem como de trabalhadores avulsos e seus tomadores de serviços, em atividades reguladas na legislação social, serão dirimidos pela Justiça do Trabalho, de acordo com o presente título e na forma estabelecida pelo processo judiciário do trabalho (red. Lei 7.494/86).



"*A competência típica da Justiça do Trabalho é a de compor as lides referentes à relação de emprego, não eventual, entre os próprios interessados singulares (dissídios individuais) ou entre uma categoria profissional e a categoria econômica ou a respectiva empresa (dissídios coletivos)*" (CARRION, p.469, 2000).

Art. 644. São órgãos da Justiça do Trabalho:

a) o Tribunal Superior do Trabalho;

b) os Tribunais Regionais do Trabalho;

c) as Varas do Trabalho ou os Juízos de Direito.

Art. 645. O serviço da Justiça do Trabalho é relevante e obrigatório, ninguém dele podendo eximir-se, salvo motivo justificado.

Art. 646 - Os órgãos da Justiça do Trabalho funcionarão perfeitamente coordenados, em regime de mútua colaboração, sob a orientação do presidente do Tribunal Superior do Trabalho.

Art. 111 - São órgãos de Justiça do Trabalho: I - o Tribunal Superior do Trabalho; II - os Tribunais Regionais do Trabalho; III - Juízes do Trabalho (C.F. 1988).

# Anotações

# Bibliografia



CAMPANHOLE, A.; CAMPANHOLE, H.L. **Consolidação das leis do trabalho e legislação complementar**. 108. ed. São Paulo: Atlas, 2004.

CARRION, V. **Comentários à Consolidação das Leis do Trabalho**. 25. ed. São Paulo: Saraiva. 2000.

CHIAVENATO, I. **Gestão de pessoas:** *o novo papel dos recursos humanos nas organizações*. 2.ed. Rio de Janeiro: Elsevier, 2004.

IMPRENSA OFICIAL DO ESTADO. **Constituição da República Federativa do Brasil**. São Paulo: Imprensa Oficial do Estado, 1990.

COVEY, S. **Os sete hábitos das pessoas altamente eficazes**. São Paulo: Best Seller, 2001.

DUTRA, J.S. **Gestão de Pessoas:** *modelos, processos, tendências e perspectivas*. São Paulo: Atlas, 2002.

DUBRIN, A.J. **Fundamentos do comportamento organizacional**. São Paulo: Pioneira Thomson Learning, 2003.

FIDELIS, G.J.; BANOV, M.R. **Gestão de Recursos Humanos:** *tradicional e estratégica*. São Paulo: Érica, 2006.

GIL, A.C. **Administração de recursos humanos:** *um enfoque profissional*. São Paulo: Atlas, 1994.

KANAANE, R. **Comportamento humano nas organizações:** *o homem rumo ao século XXI*. São Paulo: Atlas, 1999.

LACOMBRE, F. **Recursos humanos:** *princípios e tendências*. São Paulo: Saraiva, 2005.

**Manuais de Legislação de Segurança e Medicina do Trabalho**. 54. ed. São Paulo: Atlas, 2004.

MARRAS, J.P. **Administração de recursos humanos:** *do operacional ao estratégico*. São Paulo: Futura, 2002.

MINARELLI, J.A. **Empregabilidade:** *o caminho das pedras*. São Paulo: Gente, 1995.

OLIVEIRA, A. **Legislação Previdenciária:** *remissiva - consolidada e demais normas da Seguridade Social*. 12. ed. Rio de Janeiro: Lumen Juris, 2004.

_____. **Manual de prática trabalhista**. São Paulo: Atlas, 1994.

PASCHOAL, L. **Administração de cargos e salários:** *manual prático e novas metodologias*. 2.ed. Qualitymark, 2001.

ROBORTELLA, L.C.A. **Jornada de trabalho e férias na Constituição de 1988**. In: *Curso de direito constitucional do trabalho*. São Paulo: LTR, 1991.

ROBBINS, S.P. **Comportamento organizacional**. São Paulo: Prentice--Hall, 2002.

RUSSOMANO, M.V. **Comentários à Consolidação das Leis do Trabalho e Previdência Social**. São Paulo: Revista dos Tribunais, 1997.

SAAD, E.G. **Consolidação das Leis do Trabalho Comentada**. São Paulo: LTR, 1990.

SPECTOR, P.E. **Psicologia nas organizações**. São Paulo: Saraiva, 2002.

TERRA, J.C.C. **Gestão do conhecimento:** *o grande desafio empresarial*. 2.ed. São Paulo: Negócio, 2001.

ULRICH, D. **Recursos humanos estratégicos**. São Paulo: Futura, 2000.

WAGNER III, J.A.; HOLLENBECK, J.R. **Comportamento organizacional:** *criando vantagem competitiva*. São Paulo: Saraiva, 1999.

### Sites

www.mpas.gov.br - Ministério da Previdência e Assistência Social

www.mte.gov.br - Ministério do Trabalho e Emprego

www.receita.fazenda.gov.br - Secretaria da Receita Federal / Ministério da Fazenda

www.caixa.gov.br - Caixa Econômica Federal

## Marcas Registradas

# Índice Remissivo

*E*



*F*



*G*



*H*



*I*



*J*



*L*



*M*



*N*

## Metodologia para Preservação de Materiais - Prevenção da Falha Prematura

**Autor: Vitório Donato**
**Código: 3356 • 216 páginas • Formato: 17,5 x 24,5 cm • ISBN: 978-85-365-0335-6 • EAN: 9788536503356**

Com linguagem didática o livro apresenta as bases teóricas e práticas para a preservação de peças simples, complexas e dos materiais estocados, orientando o leitor para atuar na prevenção dos impactos da falha prematura nos ativos das empresas. O que há de mais atual para a preservação dos materiais é abordado, com exemplos do mundo real, mostrando como aplicar os produtos mais utilizados no mercado. Para completar, o livro descreve como implantar uma área de preservação e ter acesso a 51 padrões de procedimento, explicando passo a passo como preservar materiais de diversas famílias. Fornece um glossário de termos técnicos e exercícios.

## Gestão de Produção

**Autor: Renato Nogueirol Lobo**
**Código: 3004 • 208 páginas • Formato: 17 x 24 cm • ISBN: 978-85-365-0300-4 • EAN: 9788536503004**

Este livro traz uma reflexão sobre a importância dos sistemas de gestão de produção, sendo indicado a estudantes e profissionais da área.
Destaca os princípios básicos do controle da qualidade total, controle de processos, tipos de planejamento, qualidade pessoal, os impactos da manutenção produtiva total (MPT), custos de manutenção, sistemas de controle e implementação.
Aborda manutenções corretiva, preventiva e preditiva, o planejamento de ações (5W2H), sistema de gestão, medição de desempenho, gestão de produtividade e vantagem competitiva, ferramentas e estudos de caso, reengenharia e padrões de desempenho.
Abrange produtividade industrial, controle da produtividade, análises e mudanças de um layout, controle de medidas e carga de máquinas.

## Gestão da Qualidade

**Autor: Renato Nogueirol Lobo**
**Código: 3172 • 192 páginas • Formato: 17 x 24 cm • ISBN: 978-85-365-0317-2 • EAN: 9788536503172**

Preparar estudantes, profissionais, especialistas e futuros gerentes para atuarem em gestão de qualidade com condições de enfrentar os mais diversos problemas é o intuito deste livro.
Aborda conceitos básicos, certificação, históricos, sistema de garantia da qualidade, gestão otimizada, auditoria, ciclo PDCA, diagramas de Pareto, de causa e efeito e de dispersão, cartas de controle por variável, histograma e fluxograma. Introduz métodos de análise e solução de problemas, Housekeeping, Kanban, Just-in-Time, Kaisen, FMEA e PPAP. Explica princípios do layout, gerências de custo da qualidade e manuseio da produção, times e equipes, desempenho e liderança, além de sistemas de gestão integrada, MRP (Planejamento da Necessidade de Materiais) e MRP II (Planejamento dos Recursos da Manufatura).

## Almoxarifado e Gestão de Estoques

### Do recebimento, guarda e expedição à distribuição do estoque

**Autor: Bruno Paoleschi**
**Código: 2540 • 176 páginas • Formato: 17 x 24 cm • ISBN: 978-85-365-0254-0 • EAN: 9788536502540**

Voltado aos estudantes, profissionais da área e empresários em geral, seu conteúdo é didático e preocupa-se com a parte operacional. Possui várias planilhas para facilitar o aprendizado e a sua aplicação nas empresas, além de uma série de exercícios práticos. Abrange as etapas de planejamento industrial, PCP, produção, engenharia, marketing, gestão da qualidade, recursos humanos, finanças, vendas, manutenção, movimentação dos materiais, fluxos de produção e transportes, todos integrados em uma cadeia logística para atender bem ao cliente e visando a qualidade dos produtos.

## Assistente Administrativo - Edição Revisada

**Autor: José Antonio de Mattos Castiglioni**
**Código: 1243 • 248 páginas • Formato: 17,5 x 24,5 cm • ISBN: 978-85-365-0124-6 • EAN: 9788536501246**

Idealizada para orientar alunos de instituições que mantêm cursos técnicos, além de interessados em ampliar seus horizontes, esta obra oferece, de forma clara e objetiva, o instrumental necessário.
Abrange os principais assuntos que norteiam a área administrativa, tais como organização de empresas, contabilidade geral e custos, recursos humanos e departamento de pessoal, administração financeira e tributária, rotinas e organização de escritório, noções de matemática, administração do tempo, fundamentos de logística e telemarketing.
A sexta edição foi revisada e traz alterações no plano de contas de acordo com a Lei nº 11.638, novo enfoque na apuração dos custos de estoques, tornando mais fácil e prática a compreensão, bem como inclusão do empreendedor individual na forma jurídica e nos recolhimentos, modificações na apuração e recolhimento do IPI.

## Logística Industrial Integrada

### Do Planejamento, Produção, Custo e Qualidade à Satisfação do Cliente

**Autor: Bruno Paoleschi**

**Código: 1970 • 264 páginas • Formato: 17,5 x 24,5 cm • ISBN: 978-85-365-0197-0 • EAN: 9788536501970**

A logística industrial integrada influencia todas as áreas da empresa que fornecem suporte à produção, agrega valor de forma direta ou indireta aos produtos finais e assim atende satisfatoriamente ao cliente.
Este livro abrange as etapas de planejamento industrial, PCP, produção, engenharia, marketing, gestão da qualidade, recursos humanos, finanças, vendas, manutenção, movimentação dos materiais, fluxos de produção e transportes, todos integrados em uma cadeia logística para atender ao cliente, visando a qualidade dos produtos, a satisfação, bem como agregar valor aos negócios.
Voltado aos estudantes, profissionais da área e empresários em geral, seu conteúdo é didático, traz várias planilhas para facilitar o aprendizado e a sua aplicação nas empresas, além de uma série de exercícios práticos.

## Logística Operacional - Guia Prático

**Autor: José Antonio de Mattos Castiglioni**

**Código: 1819 • 224 páginas • Formato: 17 x 24 cm • ISBN: 978-85-365-0181-9 • EAN: 9788536501819**

Esta obra descreve os principais temas relacionados com a logística e foi idealizada para orientar alunos de instituições de ensino que mantêm cursos técnicos e/ou de educação continuada, além de interessados em adquirir ou ampliar conhecimentos ligados à área.
Sob o ponto de vista prático, evidencia os conceitos e movimentos mais atuais da logística de maneira suave e sem complicações, como gestão, armazenagem e ferramentas da administração de estoques, PPCP, administração de compras, custos logísticos, distribuição e embalagens.
Transportes, Just In Time e Supply Chain Management também são explanados de maneira simples e detalhada.

## CIPA - Guia Prático de Segurança do Trabalho

**Autor: Bruno Paoleschi**

**Código: 2588 • 128 páginas • Formato: 17 x 24 cm • ISBN: 978-85-365-0258-8 • EAN: 9788536502588**

Dirigido aos estudantes, profissionais da área, trabalhadores e empresários, o conteúdo deste livro é didático e facilita o aprendizado das normas e a aplicação da CIPA na prevenção das doenças profissionais e dos acidentes de trabalho.
Trata das normas regulamentadoras (NR-5), seus objetivos, organização e disposições, atribuições gerais da NR-17 (ergonomia), importância dos "cipeiros" na fiscalização não como fiscal, mas como um orientador para prevenção de atos inseguros. Ensina como criar o mapa de riscos, identificar uma área insalubre ou perigosa, os riscos, a necessidade e a importância dos EPIs e EPCs e uma introdução ao Serviço Especializado em Engenharia de Segurança e em Medicina do Trabalho (SESMT).
Abrange as doenças de trabalho, consequências, tratamento, classificação dos acidentes e dos equipamentos.
Mostra como ministrar os primeiros socorros aos acidentados, isolar a área do acidente e fazer análise crítica, formas de emissão de uma CAT e procedimento para o treinamento dos componentes do quadro da CIPA.

## NR-10 - Guia Prático de Análise e Aplicação

**Autores: Benjamim Ferreira de Barros, Elaine Cristina de Almeida Guimarães, Reinaldo Borelli, Ricardo Luis Gedra, Sonia Regina Pinheiro**

**Código: 2748 • 208 páginas • Formato: 17 x 24 cm • ISBN: 978-85-365-0274-8 • EAN: 9788536502748**

A prevenção dos acidentes de trabalho é o objetivo da Norma Regulamentadora 10 (NR-10), garantindo a segurança e a saúde dos trabalhadores que atuem direta ou indiretamente em instalações elétricas e serviços com eletricidade.
As determinações da NR-10 são expostas neste livro de maneira clara e didática, cujos assuntos são organizados em sequência lógica para facilitar o estudo, considerando a forma de planejamento e execução de qualquer serviço em instalação elétrica.
Destaca temas fundamentais como choque e arco elétricos, análise de riscos, procedimentos de trabalho, equipamentos de proteção, documentação necessária, processo de energização e desenergização, técnicas de combate a incêndio, primeiros socorros e riscos elétricos.

## Gestão de Recursos Humanos - Tradicional e Estratégica

**Autores: Gilson José Fidelis e Márcia Regina Banov**

**Código: 1006 • 192 páginas • Formato: 17 x 24 cm • ISBN: 978-85-365-0100-0 • EAN: 9788536501000**

Destinada aos diversos profissionais liberais, empresários, consultores, estudantes de áreas acadêmicas e demais interessados.
A publicação oferece um panorama da gestão de Recursos Humanos, aborda a administração tradicional, suas características pragmáticas e a evolução da área de Recursos Humanos ao longo da história. Trata da administração estratégica com enfoque à melhoria do trabalho e busca de resultados, com práticas modernas de orientação das pessoas e das empresas, o ambiente organizacional como facilitador do planejamento de Recursos Humanos e o incentivo, a criatividade das pessoas e o desenvolvimento de suas potencialidades.

## Guia Prático de Informática - Terminologia, Microsoft Windows 7 (Internet e Segurança), Microsoft Office Word 2010, Microsoft Office Excel 2010, Microsoft Office PowerPoint 2010 e Microsoft Office Access 2010

**Autor: José Augusto N. G. Manzano**
**Código: 3349 • 376 páginas • Formato: 20,5 x 27,5 cm • ISBN: 978-85-365-0334-9 • EAN: 9788536503349**

Esta obra apresenta os conceitos essenciais de informática para o dia a dia, principalmente para leitores nos primeiros estágios de aprendizagem. Mostra a terminologia da área, como computadores, sistemas operacionais, programas aplicativos e periféricos, bem como os recursos do Microsoft Windows 7, Internet e princípios de segurança. Abrange as principais ferramentas do Microsoft Office 2010: Word (processador de textos), Excel (planilha eletrônica), PowerPoint (gerenciador de apresentações) e Access (gerenciador de banco de dados).

## Estudo Dirigido de Microsoft Office Word 2010

**Autores: André Luiz N. G. Manzano e Maria Izabel N. G. Manzano**
**Código: 2908 • 160 páginas • Formato: 17 x 24 cm • ISBN: 978-85-365-0290-8 • EAN: 978853652908**

Didático e objetivo, este livro fornece os conhecimentos essenciais para auxiliar a exploração das formas de edição e formatação de textos, correção ortográfica, opções para salvar arquivos, detalhes sobre alinhamentos, recuos de parágrafos, marcadores e numeração de tópicos, tabulação, cabeçalho e rodapé, numeração de páginas, criação de tabelas e gráficos, uso de colunas e linhas de grade, inserção de figuras, bordas, definição de margens e configurações para impressão.

Mostra como criar malas diretas, textos automáticos, gerar etiquetas, obter ajuda, utilizar atalhos, personalizar a barra de status e de revisão do texto, opções de autocorreção, além de dicas indispensáveis.

## Estudo Dirigido de Microsoft Office Word 2007 - Avançado

**Autores: André Luiz N. G. Manzano e Carlos Eduardo M. Taka**
**Código: 3165 • 144 páginas • Formato: 17 x 24 cm • ISBN: 978-85-365-0316-5 • EAN: 9788536503165**

Didaticamente elaborado, este livro traz os principais recursos avançados desse poderoso processador de textos. Aborda criação de mala direta com dados de outros aplicativos, exemplos de rotinas comuns para a criação e/ou manipulação de documentos extensos, preparação de um arquivo, elaboração de capa com o WordArt, edição e formatação de textos, notas de rodapé, indicadores, estilos, índices e referência cruzada.

Mostra como trabalhar com modelos personalizados, fazer revisão detalhada de documentos, macros, caixa de mensagem MsgBox, tomada de decisões, funções If/Then/End If, UserForm e personalização, configuração avançada e algumas ações para otimização do tempo.

## Estudo Dirigido de Microsoft Office Excel 2010

**Autor: André Luiz N. G. Manzano**
**Código: 2977 • 192 páginas • Formato: 17 x 24 cm • ISBN: 978-85-365-0297-7 • EAN: 9788536502977**

De forma simples e didática, esta publicação aborda os principais recursos do Excel 2010. Fornece explicações passo a passo, exercícios e exemplos práticos para aprimorar o aprendizado de estudantes e profissionais da área.

Apresenta a nova interface do aplicativo, criação de planilhas, inserção de fórmulas, formatação, operadores relacionais, funções matemáticas, valores numéricos, base de dados, classificação de registros, criação de gráficos e relatórios, cores, tipos de escalas, impressão de relatórios, uso de janelas e muito mais.

Descreve também a criação de planilhas de consolidação e traz algumas dicas de comandos e teclas de atalho.

## Estudo Dirigido de Microsoft Office Excel 2010 - Avançado

**Autores: José Augusto N. G. Manzano e André Luiz N. G. Manzano**
**Código: 2885 • 272 páginas • Formato: 17 x 24 cm • ISBN: 978-85-365-0288-5 • EAN: 9788536502885**

Os recursos avançados do Excel 2010 são o destaque desta obra, direcionada a estudantes e profissionais da área.

Estruturada em dez capítulos, abrange revisões de funções; elaboração simulada de folha de pagamento; base de dados; tabelas e gráficos dinâmicos; análise de dados; utilização de macros com recursos relacionados a atividades de programação, incluindo o estudo dos tipos de macro, execução de macros, cadastro para armazenamento de dados, elaboração de botões para disparo de macros, definição de mensagens para a barra de status, caixas de diálogo e barra de menus.

## Estudo Dirigido de Microsoft Office PowerPoint 2010

**Autor: André Luiz N. G. Manzano**
**Código: 2960 • 192 páginas • Formato: 17 x 24 cm • ISBN: 978-85-365-0296-0 • EAN: 9788536502960**

A versão 2010 do PowerPoint proporciona mais criatividade e produtividade aos trabalhos desenvolvidos com essa ferramenta.
O livro apresenta de forma didática e objetiva as técnicas de oratória, conceitos de apresentação, etapas para criação de slides, formatação, alinhamentos, gráficos, aplicação de design e cores, padrões, indicação dos meios para obter ajuda, atalhos.
O conteúdo programático é útil a alunos e professores de instituições de ensino e também a profissionais da área.

## Informática - Terminologia - Microsoft Windows 7 - Internet - Segurança - Microsoft Office Word 2010 - Microsoft Office Excel 2010 - Microsoft Office PowerPoint 2010 - Microsoft Office Access 2010

**Autor: Mário Gomes da Silva**
**Código: 3103 • 360 páginas • Formato: 17,5 x 24,5 cm • ISBN: 978-85-365-0310-3 • EAN: 9788536503103**

Embasamento fundamental sobre o uso do computador com Windows 7 e o conjunto de aplicativos Office 2010 é encontrado nesta obra.
Apresenta a história do computador, unidades de armazenamento, periféricos, funcionalidades e tarefas básicas do Windows 7, conexão com Internet, navegação, e-mails e ferramentas de segurança. Destaca os principais recursos do Word 2010 para criação e formatação de textos, ortografia, impressão e revisão, rodapés e tabelas. Explora a criação de planilhas com Excel 2010, navegação, edição e manipulação de arquivos, operações básicas, cópias e formatação de dados, fórmulas, funções e gráficos. Com o PowerPoint 2010 ensina como criar apresentações, estruturar tópicos, usar formas, animações, transição de slides e impressão. Mostra como criar banco de dados com Access 2010, terminologias, edição de tabelas, digitação de dados, consultas, formulários e relatórios. Traz uma série de exercícios de fixação que objetivam aprimorar o conhecimento transmitido na obra.

## Informática - Conceitos e Aplicações

**Autores: Marcelo Marçula e Pio Armando Benini Filho**
**Código: 0530 • 408 páginas • Formato: 17,5 x 24,5 cm • ISBN: 978-85-365-0053-9 • EAN: 9788536500539**

Este livro é indicado como material de apoio aos cursos de Informática e disciplinas afins dos demais cursos. Pode ser utilizado por professores (como uma diretriz básica para a disciplina), alunos (fonte de pesquisa para os principais conceitos) e profissionais de todas as áreas, que necessitem adquirir conhecimentos sobre informática.
Aborda conceitos básicos de informática, características dos componentes que formam o hardware, definição e classificação dos softwares, redes, arquiteturas, infraestrutura e serviços de Internet, segurança de dados, autenticação, criptografia, antivírus e firewall.

## Informática Fundamental - Introdução ao Processamento de Dados

**Autor: William Pereira Alves**
**Código: 2724 • 224 páginas • Formato: 17,5 x 24,5 cm • ISBN: 978-85-365-0272-4 • EAN: 9788536502724**

Muitas pessoas utilizam computadores no dia a dia sem ter a menor ideia de como eles e seus diversos componentes e periféricos trabalham. Pensando neste aspecto, o livro apresenta conceitos e fundamentos de um sistema computacional, explicando como funcionam monitores, impressoras, escâneres, leitores de CD/DVD etc.
Aborda os circuitos lógicos existentes em todos os processadores, como portas AND, OR e XOR, e estuda as bases numéricas e os tipos de memória mais utilizados em computação.
Divide-se em três partes, sendo a primeira referente à arquitetura dos computadores, a segunda sobre os periféricos e a terceira relacionada ao sistema operacional e softwares mais comuns.
Os capítulos possuem diversas questões para fixação do aprendizado.

## Estudo Dirigido de Informática Básica

**Autores: André Luiz N. G. Manzano e Maria Izabel N. G. Manzano**
**Código: 1284 • 256 páginas • Formato: 17 x 24 cm • ISBN: 978-85-365-0128-4 • EAN: 9788536501284**

A sétima edição do livro foi revisada e ampliada, pois há grande preocupação de trazer informações mais atualizadas frente às novas tecnologias, além de muitas novidades.
A obra manteve sua estrutura original no que tange à história e sua cronologia, preservando a linguagem simples e acessível aos novos usuários da informática. Apresenta informações riquíssimas sobre novos recursos computacionais, como, por exemplo, as tecnologias Bluetooth e Wireless, possibilidades novas dentre muitos recursos oferecidos, além de contemplar um assunto muito importante, a segurança de dados, seja em uma simples página web ou em um inocente bate-papo em salas de chat ou, ainda, em mensagens instantâneas.